CATALOGUE

D'UNE COLLECTION DE

MONNAIES

ROMAINES

COMPOSANT LA COLLECTION DE

Feu M. Auguste RACINE, de Marseille

DONT LA VENTE AUX ENCHÈRES PUBLIQUES AURA LIEU

HOTEL DES COMMISSAIRES-PRISEURS

RUE DROUOT, N° 9, SALLE N° 3

Au premier étage

Le Lundi 23 Juin 1879 et les quatre jours suivants

A deux heure très précises

EXPOSITION PUBLIQUE LE DIMANCHE 22 JUIN
DE MIDI A CINQ HEURES

~~~~~~

M⁰ Maurice DELESTRE, Commissaire-Priseur, rue Drouot, 27

Assisté de MM. ROLLIN et FEUARDENT, Experts,

rue Louvois, 4.

~~~~~~

PARIS 1879

COLLECTION

DE

Feu M. Auguste RACINE, de Marseille

MONNAIES ROMAINES

CONDITIONS DE LA VENTE

Elle sera faite expressément au comptant.

Les Acquéreurs paieront CINQ POUR CENT en sus des adjudications, applicables aux frais de vente.

CATALOGUE

D'UNE COLLECTION DE

MONNAIES

ROMAINES

COMPOSANT LA COLLECTION DE

Feu M. Auguste RACINE, de Marseille

DONT LA VENTE AUX ENCHÈRES PUBLIQUES AURA LIEU

HOTEL DES COMMISSAIRES-PRISEURS

RUE DROUOT, N° 9, SALLE N° 3

Au premier étage

Le Lundi 23 Juin 1879 et les quatre jours suivants

A deux heure très précises

EXPOSITION PUBLIQUE LE DIMANCHE 22 JUIN
DE MIDI A CINQ HEURES

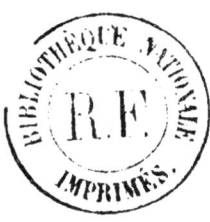

M' Maurice DELESTRE, Commissaire-Priseur, rue Drouot, 27

Assisté de MM. ROLLIN et FEUARDENT, Experts,

rue Louvois, 4.

PARIS 1879

La collection dont la vente publique a été confiée à nos soins, est connue de tous les amateurs, qui, pour la plupart, ont déjà reçu à titre de cadeau le magnifique Catalogue publié par M. Laugier, le savant conservateur du Musée de Marseille (1).

Il est regrettable que ce beau volume n'ait été tiré qu'à un petit nombre d'exemplaires ; nous aurions été heureux de pouvoir l'adresser à tous les collectionneurs de monnaies romaines; mais nous pourrons en donner communication aux personnes qui désireraient avoir des détails plus complets sur les légendes et les types.

---

(1) *Catalogue des Monnaies consulaires, impériales, etc.* 1 *beau volume grand in-8, avec* 16 *belles planches gravées par* M. *Laugier. Marseille* 1877.

On sait que le grand collectionneur marseillais n'admettait que des médailles d'une conservation irréprochable, et nous avons fait notre possible pour indiquer avec exactitude les pièces qui sont B. belles, T. B. très belles ou F. D. C. fleur de coin.

Ajoutons que nous sommes souvent restés au-dessous de la réalité et que, par conséquent, on peut adresser des commissions pour les enchères publiques, avec la certitude absolue de recevoir des pièces conformes à l'état indiqué.

R. et F.

Monnaies romaines

Familles Romaines

Les monnaies romaines portent chacune le numéro sous lequel elles sont décrites dans les ouvrages de Cohen : *Description générale des monnaies de la République romaine* et *Description historique des monnaies frappées sous l'Empire romain.* Il en est de même pour les bizantines, dont les numéros sont ceux de l'ouvrage de Sabatier : *Description générale des monnaies byzantines frappées sous les empereurs d'Orient.*

ABVRIA

1. GEM. Tête de Pallas à droite devant X (1). ℞. M. ABVRI. ROMA. Le Soleil dans un quadrige au galop, à droite, tenant un fouet. *Cohen* (n. 1). AR. F.D.C.
2. Même tête et même légende. ℞. C. ABVRI. ROMA. Mars casqué dans un quadrige au galop, à droite, tenant un trophée (n. 2). AR. F.D.C.

ACCOLEIA

3. P. ACCOLEIVS LARISCOLVS. Buste de Clymène, mère de Phaéton, à droite. ℞. Les trois sœurs de Phaéton se transformant en arbres. Celle de droite tient une fleur et celle de gauche une branche (n. 1). AR. B.

ACILIA

4. BALBVS ROMA. Tête de Pallas à droite. ℞. MAN ACILI. Quadrige au galop, à droite, dans lequel on voit Jupiter tenant la foudre et une haste, et la Victoire tenant un ouet ; dessous, un bouclier rond (n. 1). AR. B.

---

(1) Nous ne répéterons pas devant X ce chiffre étant presque toujours placé devant ou derrière les têtes de Rome ou de Pallas.

5. M. ACILIVS M. F. Tête de Pallas à droite. ℞. ROMA. Hercule dans un quadrige au pas, tenant une massue et un trophée (n. 2.). AR. B.
6. SALVTIS. Tête laurée de la Santé à droite. ℞. MAN. ACILIVS III VIR. VALETV. Hygiée debout à gauche, appuyée sur une colonne et donnant à manger à un serpent (n. 3). AR. F.D.C.

AELIA

7. Tête de Pallas à droite. ℞. P. PAETVS ROMA. Les Dioscures à cheval allant à droite (n. 1). AR. F.D.C.
8. BALA. Tête diadémée de Junon Lucine à droite ; dans le champ, D. ℞.C. ALLI. Diane dans un bige de cerfs à droite tenant deux torches; dessous, une sauterelle (n. 3). AR. T.B.
9. La même avec M devant la tête et une charrue sous les cerfs. AR. T.B.
10. La même avec I devant la tête et un caducée sous les cerfs. AR. T.B.

AEMILIA

11. M. SCAVR. AED. CVR. REX ARETAS ; EX. S. C. Aretas à genoux tenant un chameau par la bride et présentant une branche d'olivier. ℞. P. HYPSAE AED. CVR. C. HYPSAE. COS. PREIVE. ; CAPT. Jupiter dans un quadrige au galop à gauche tenant la foudre ; sous les chevaux, un scorpion (n. 1). AR. T.B.
12. Même légende et même type. ℞. P. HYPSAE AED. CVR., et dans le champ, CAPTV. AR. T.B.
13. M. SCAVR. EX. S. C. ; AED. CVR., au lieu de REX ARETAS. Aretas à genoux tenant un chameau par la bride et présentant une branche d'olivier. ℞. P. HYPSAE AED. CVR.; CAPTV ; C. HYPSAE. COS. PREIVER. Jupiter dans un quadrige à gauche. Sans scorpion sous les chevaux (n. 2). AR. T.B.
14. ROMA. Tête laurée et diadémée de Vénus à droite ; derrière, X. ℞. MAN AEMILIO. Statue équestre appuyée sur une haste au-dessus d'un pont, entre les arches duquel on lit : LEP (n. 3). AR. F.D.C.

15. Tête laurée et diadémée de Vénus à droite. ℞. M. LEPIDVS Statue équestre à droite portant un trophée (n. 4). AR. T.B.
16. Tête laurée et diadémée de Vénus à gauche ; derrière, une palme. ℞. M. LEPIDVS AN XV PR. H. O. C. S. Statue équestre à droite portant un trophée (n. 5). AR. T.B.
17. Même médaille, sans symbole du côté de la tête. AR. T.B.
18. ALEXSANDREA. Tête tourelée et diadémée de la ville d'Alexandrie, à droite. ℞. M. LEPIDVS PONTIF. MAX. TVTOR REG. S. C. Lépide debout posant un diadème sur la tête de Ptolémée V enfant, tenant un sceptre surmonté d'un aigle (n. 7). AR. F.D.C.
19. Tête voilée de vestale à droite, entre une couronne et la simpule. ℞. M. LEPIDVS AEMILIA REEF. S. C. Basilique émilienne (n. 8). AR. T.B.
20. PAVLLVS LEPIDVS CONCORDIA. Tête diadémée et voilée de la Concorde, à droite. ℞. TER. PAVLLVS. Paul Emile attachant un trophée à un arbre, devant lequel on voit Persée et ses deux enfants (n. 9). AR. T.B.
21. Même tête de la Concorde. ℞. PVTEAL SCRIBON. LIBO. Margelle d'un puits (n. 10). AR. T.B.
22. CAESAR. IM. P. M. Tête laurée de Jules César à droite; derrière, un croissant. ℞. L. AEMILIVS BVCA. Vénus Nicéphore debout à gauche tenant une Victoire et la haste (n. 14). AR. T.B.
23. Même tête et même légende. ℞. L. BVCA. Vénus assise à droite, tenant une petite Victoire et la haste pure (n. 16). AR. T.B.
24. CAESAR DICT. PERPETVO. Tête laurée de Jules César à droite. ℞. L. BVCA. Caducée et faisceaux en sautoir ; en haut, un globe ; dessous, une hache ; à côté, deux mains jointes (n. 17). AR. T.B.
25. LEPIDVS PONT. MAX. III VIR R. P. C. Tête nue de Lépide à droite. ℞. CAESAR IMP. III VIR R. P. C. Tête nue d'Octave à droite (n. 18). AR. T.B.

AFRANIA

26. Tête de Pallas à droite. ℞. S. AFRA. ROMA. Victoire dans

un bige au galop, à droite, tenant un fouet (n. 1).

AR. F.D.C.

ALLIENA

27. C. CAESAR IMP. COS. ITER. Tête diadémée de Vénus à droite. ℞. A. ALLIENVS PRO. COS. Homme nu, debout, le bras gauche enveloppé d'un manteau, tenant la *triquetra* de la droite et le pied sur une proue (n. 1). AR.B.

ANNIA

28. C. ANNI. T. F. T. N. PRO. COS. EX S. C. Tête diadémée de Junon Moneta à droite, entre un caducée et des balances; carquois sous la tête. ℞. L. FABI. L. F. HISP. Q. Victoire dans un quadrige au galop à droite (n. 1).

AR. F.D.C.

29. Même médaille, sans le carquois sous la tête. ℞. Q. au-dessus et B. au-dessous des chevaux.   AR. F.D.C.

30. Même tête, sans caducée ni balance; le tout entouré d'une couronne de fleurs. ℞. Même revers, avec la lettre C. sous les chevaux (n. 2).   AR. T.B.

31. Même tête, avec les balances seulement. ℞. L. FABI. L. F. Victoire dans un quadrige au pas à droite, tenant une palme; C. sous les chevaux (n. 3).   AR. B.

32. C. ANNIVS T. F. T. N. PRO. COS. EX S. C. Tête diadémée de Junon Moneta à droite sans symbole. ℞. L. FABI. L. F.; HISP. Q. Victoire dans un quadrige au pas, à droite (n. 4).   AR. T.B.

ANTESTIA ou ANTISTIA

33. C. ANTESTI. Tête de Pallas à droite. ℞. ROMA. Les Dioscures à cheval; dessous, un chien allant à droite (n. 1).   AR. T. B.

34. Tête de Pallas à droite; derrière, un chien montant. ℞. C. ANTESTI. ROMA. Les Dioscures à cheval allant à droite (n. 2).   AR. T. B.

35. GRAG. Tête de Pallas à droite. ℞. L. ANTES. ROMA. Jupiter dans un quadrige au galop à droite, tenant un sceptre et lançant la foudre (n. 3).   AR. B.

36. IMP. CAESAR AVGVS. TR. POT. IIX. Tête nue d'Octave à

droite. ℞. C. ANTISTI. VETVS III VIR. Dans le champ APOLLINI; à l'exergue, ACTIO. Apollon debout sur une estrade ornée de proues et d'ancres, tenant une lyre et sacrifiant auprès d'un autel (n. 5). AR. B.

37. C. ANTISTIVS VETVS III VIR. Tête diadémée de Vénus à droite. ℞. IMP. CAESAR AV. COS. XI. Simpulum, lituus, trépied et patère (n. 9). AR. B.

38. CAESAR AVGVSTVS. Tête nue d'Auguste à droite. ℞. C. ANTISTIVS REGINVS III VIR. Simpulum, lituus, trépied et patère (n. 10). AR. T. B.

ANTIA

39. DEI PENATES. Têtes accolées et diadémées des dieux Pénates à droite. ℞. C. ANTIVS C. F. Hercule nu debout, tenant une massue, un trophée et la dépouille du lion de Némée (n. 1). AR. B.

40. RESTIO. Tête nue d'Antius Restio à droite. ℞. Même revers (n. 2). AR. B.

ANTONIA

41. Tête laurée de Jupiter à droite; derrière, S. C. ℞. Q. ANTO. BALB. PR. Victoire dans un quadrige au galop à droite (n. 1). AR. T. B.

42. M. ANTON. IMP. R. P. C. Tête nue barbue de Marc-Antoine à droite; derrière, le lituus. ℞. CAESAR DIC. Tête laurée de Jules César à droite; derrière, le præfericulum (n. 3). AR. T. B.

43. ANTONIVS IMP. Tête nue de M.-Antoine à droite. ℞. CAESAR IMP. Tête nue d'Octave à droite (n. 7). OR. B.

44. III VIR R. P. C. Tête voilée et diadémée de la Concorde à droite. ℞. M. ANTON. C. CAESAR. Deux mains jointes, tenant un caducée (n. 9). AR. T. B.

45. M. ANT. IMP. Lituus, præfericulum et corbeau. ℞. M. LEP. IMP. Simpulum, aspersoir, hache et apex (n. 13). AR. Q. T. B.

46. Même légende et type. ℞. Victoire couronnant un trophée (n. 16). AR. Q. B.

47. M. ANTONI IMP. S. Tête nue et barbue de Marc-Antoine à

droite. ℞. III VIR. R. P. C. Tête radiée du Soleil de face, dans un temple à deux colonnes (n. 17). AR. T. B.

48. La même médaille. Tête différente. AR. T. B.

49. Tête nue barbue de Marc-Antoine à droite ; derrière, le lituus. ℞. M. ANTONIVS III VIR R. P. C. Tête radiée du Soleil à droite (n. 18). AR. T. B.

50. III VIR R. P. C. Buste ailé de la Victoire à droite sous les traits de Fulvie. ℞. ANTONI. IMP. Lion marchant à droite, dans le champ A. XLI (n. 21). AR. B.

51. ANT. AVG. IMP. III VIR R. P. C. Tête nue de Marc-Antoine à droite. ℞. PIETAS COS. Femme debout tenant une corne d'abondance et un gouvernail ; à ses pieds, une cigogne (n. 23). AR. B.

52. ANT. AVG. IMP. III. V. R. P. C. Tête nue de Marc-Antoine à droite, plus petite. ℞. PIETAS COS. Femme debout tenant un autel allumé et une corne d'abondance, sur laquelle sont deux cigognes (n. 24). AR. B.

53. M. ANTONIVS IMP. COS. DES. ITER. ET TERT. Tête de Marc-Antoine à droite, dans une couronne de lierre et de raisins. ℞. III VIR R. P. C. Tête d'Octavie sur une ciste entourée de deux serpents entrelacés (n. 26). AR. *médaillon*. B.

54. M. ANTONIVS IMP. COS. DESIG. ITER. ET TERT. Têtes accolées à droite de Marc-Antoine couronné de lierre et d'Octavie coiffée en cheveux ℞. III VIR. R. P. C. Bacchus debout, en habit de femme, sur la ciste mystique (n. 27). AR. *médaillon*. B.

55. III VIR R. P. C. COS. DESIG. ITER ET TER. Tête radiée du Soleil à droite. ℞. M. ANTONIVS M. F. M. N. AVGVR. IMP. TER. Marc-Antoine debout en habit de prêtre voilé et tenant le lituus (n. 29). AR. B.

56. M. ANT. AVGVR III VIR R. P. C. Tête nue de Marc-Antoine à droite. ℞. IMP. TER. Trophée avec une épée et un bouclier ; au bas, deux boucliers ronds et deux javelots (n. 31). AR. T. B.

57. ANTONI. ARMENIA DEVICTA. Tête nue de Marc-Antoine à droite ; derrière, une tiare. ℞. CLEOPATRAE REGINAE REGVM FILIORVM REGVM. Tête diadémée de Cléopâtre à droite ; dessous, une proue de vaisseau (n. 37). AR. T. B.

58. M. ANTONIVS AVG. IMP. IIII. COS. TERT. III V. R. P. C. Tête nue de Marc-Antoine à droite. ℞. Victoire debout à gauche, tenant une palme et une couronne à laquelle sont attachés des rubans, le tout dans une couronne de laurier (n. 38). AR. T. B.
59. ANTONIVS AVGVR. III VIR R. P. C. Galère prétorienne. ℞. LEG. VI. Aigle légionnaire entre deux enseignes militaires. Autour on lit : ANTONINVS ET VERVS AVG. REST. (n. 44) AR. (Médaille restituée par *Marc Aurèle et Vérus*). T. B.
60. ANT. AVG. III VIR R. P. C. Galère prétorienne. ℞. CHORTIS SPECVLATORVM. Trois enseignes militaires sur chacune desquelles se trouvent deux couronnes, un bouclier et une proue de vaisseau (n. 72). AR. T. B.
61. LEG. II. (n. 39). Même type. AR. T. B.
62. LEG. III. (n. 40). AR. T. B.
63. LEG. IIII. (n. 41). AR. B.
64. LEG. IV. (n. 42). AR. B.
65. LEG. V. (n. 43). AR. T. B.
66. LEG. VI. (n. 44). AR. T. B.
67. LEG. VII. (n. 45). AR. F. D. C.
68. LEG. VIII. (n. 46). AR. B.
69. LEG. VIIII. (n. 47). AR. T. B.
70. LEG. IX. (n. 48). AR. B.
71. LEG. X. (n. 49). AR. T. B.
72. LEG. XI. (n. 50). AR. B.
73. LEG. XII ANTIQVAE. (n. 51). AR. B.
74. LEG. XII. (n. 52). AR. T. B.
75. LEG. XIII. (n. 53). AR. T. B.
76. LEG. XIV. (n. 55). AR. B.
77. LEG. XV. (n. 56). AR. B.
78. LEG. XVI. (n. 57). AR. T. B.
79. LEG. XVII CLASSICAE. (n. 59). AR. T. B.
80. LEG. XVIII. (n. 60). AR. B.
81. LEG. XIX. (n. 63). AR. F. D. C.
82. LEG. XX. (n. 64). AR. F. D. C.
83. LEG. XXI. (n. 65). AR. T. B.
84. LEG. XXII. (n. 66). AR. B.
85. LEG. XXIII. (n. 67). AR. B.

APPVLEIA

86. Tête de Pallas à gauche. ℞. L. SATVRN. Saturne dans un quadrige au galop à droite tenant une faux ; dans le champ, c. (n. 2). AR. F. D. C.
87. Même tête et même quadrige, avec A au-dessus des chevaux. AR. T. B.
88. L. SATVRN. Saturne dans un quadrige au galop à droite ; dessous E. ℞. ROMA. Même type de Saturne, sans lettre (n. 3). AR. F. D. C.

APRONIA

89. APRONIVS MESSALLA III VIR. Enclume. ℞. SISENNA GALVS A. A. A. F. F. ; dans le champ, s. c. *pl.* XLVII. P. B. T. B.

AQVILIA

90. Tête radiée d'Apollon à droite. ℞. MAN. AQVIL. ROMA. Diane dans un bige au galop à droite, entourée de quatre étoiles (n. 1). AR. T. B.
91. VIRTVS III VIR. Tête casquée de la Vertu à droite. ℞. MAN. AQVIL. MAN. F. MAN. N. SICIL. Soldat debout, armé d'un bouclier, relevant une femme à genoux. (n. 2). AR. T. B.
92. L. AQVILLIVS FLORVS III VIR. Buste casqué de la Vertu à droite. ℞. CAESAR DIVI F. ARME. CAPTA. Femme à genoux à droite, couronnée de la tiare et tendant les mains (n. 4). AR. B.
93. Même tête et même légende. ℞. AVGVSTVS CAESAR. L'empereur dans un bige d'éléphants à gauche, tenant un sceptre et une palme (n. 5). AR. B.
94. Même légende. Tête radiée du Soleil à droite. ℞. CAESAR AVGVSTVS SIGN. RECE. Parthe à genoux à droite, présentant une enseigne (n. 8). AR. B.
95. Même tête et même légende. ℞. CAESAR AVGVSTVS. Quadrige au pas à droite, sur lequel est une fleur ; à l'exergue, s. c. (n. 9). AR. T. B.
96. CAESAR AVGVSTVS. Tête nue d'Auguste à droite. ℞. L. AQVILIVS FLORVS III VIR. Fleur (n. 13). AR. T. B.

ARRIA

97. M. ARRIVS SECVNDVS. Tête diadémée de la Fortune à droite ; en haut, F. P. R. ℞. Haste entre une couronne et une phalère (n. 1). OR. B.
98. M. ARRIVS SECVNDVS. Tête nue de Quintus Arrius à droite. ℞. Même revers (n. 2). AR. F. D. C.

ATIA

99. Q. LABIENVS PARTHICVS IMP. Tête nue de Labienus à droite, une contre-marque sur la joue. ℞. Cheval sellé et bridé à droite (n. 1). AR. B.

ATILIA

100. SARAN, écrit en montant. Tête de Pallas à droite. ℞. M. ATIL. ROMA. Les Dioscures à cheval, allant à droite (n. 1). AR. T. B.
101. SARAN, écrit en descendant avec la même tête. ℞. Même légende et même type (n. 2). AR. F. D. C.
102. Tête de Pallas à droite. ℞. SAR. ROMA. Victoire dans un bige au galop à droite, tenant un fouet (n. 3). AR. F. D. C.
103. Tête de Pallas à droite, derrière, XVI. ℞. L. ATILI. NOM. Victoire dans un bige au galop à droite, tenant un fouet (n. 4). AR. T. B.

AVFIDIA

104. RVS. Tête de Pallas à droite, derrière, XVI. ℞. M. AVF. ROMA. Jupiter dans un quadrige au galop à droite, tenant un sceptre et lançant la foudre. AR. B.

AVRELIA

105. Tête de Pallas à droite. ℞. AV. RVF. ROMA. Jupiter dans un quadrige au galop à droite, tenant un sceptre et lançant la foudre (n. 4). AR. T. B.

106. M. AVRELI. ROMA. Tête de Pallas à droite. ℞. SCAVRI L.
LIC. CN. DOM. Mars nu debout dans un bige au galop à
droite, tenant un bouclier et un carnyx et lançant un
javelot (n. 5). AR. T. B.
107. Tête de Pallas à droite, devant, COTA. ℞. M. AVRELI.
ROMA. Hercule debout avec une massue dans un bige
de centaures à droite, qui tiennent chacun une branche
d'arbre (n. 6). AR. B.
108. Même pièce, sans le mot COTA. AR. T. B.
109. Tête de Vulcain à droite, derrière, x et des tenailles.
℞. L. COT. Aigle sur un foudre, D dans le champ; le
tout dans une couronne de laurier (n. 7). AR. T. B.
110. Même médaille, avec T sous le menton de Vulcain.
AR. T. B.

AVTRONIA

111. Tête de Pallas à droite. ℞. AVT. ROMA. Les Dioscures
à cheval, allant à droite (n. 1). AR. B.

AXSIA

112. NASO. Tête jeune à droite, devant, S. C.; derrière, V. ℞.
L. AXSIVS L. F. Diane debout dans un bige de cerfs,
suivi de deux chiens et précédé d'un autre; dans le
champ, V (n. 1). AR. T. B.
113. NASO. Tête jeune à droite, avec un casque à crinière;
devant, S. C.; derrière, XIII. ℞. Même revers, avec le
même nombre que celui de la tête (n. 2). AR. T. B.

BAEBIA

114. TAMPIL. Tête de Pallas à gauche. ℞. ROMA M. BAEBI. Q. F.
Apollon dans un quadrige au galop, à droite (n. 6).
AR. T. B.

BARBATIA

115. M. ANT. IMP. AVG. III VIR. R. P. C. M. BARBAT. Q. P. Tête
nue de Marc-Antoine à droite. ℞. CAESAR IMP. PONT. III
VIR R. P. C. Tête nue d'Octave à droite (n. 1). OR. B.

116. La même pièce en argent. AR. F. D. C.

CAECILIA

117. Tête de Pallas à droite. ℞. ME. ROMA. Les Dioscures à cheval, allant à droite (n. 1). AR. B.
118. Q. METE. Tête de Pallas à droite. ℞. ROMA. Jupiter dans un quadrige au pas, à droite, tenant un foudre et un rameau (n. 3). AR. F. D. C.
119. L. METEL. A. ALB. S. F. Tête laurée d'Apollon, à droite; dessous, une étoile. ℞. C. MALL. ROMA. Victoire debout, couronnant une figure assise à gauche sur des boucliers et qui tient la haste (n. 4). AR. B.
120. La même pièce avec un croissant sous la tête. AR. B.
121. Tête de Pallas à droite. ℞. ROMA. Femme dans un bige au galop à droite; sous le bige, une tête d'éléphant (n. 5). AR. T. B.
122. ROMA. Tête de Pallas à droite. ℞. M. METELLVS Q. F. Bouclier macédonien sur lequel est une tête d'éléphant (n. 6). AR. B.
123. ROMA. Tête diadémée d'Apollon à droite; devant, X. ℞. M. METELLVS Q. F. Bouclier macédonien sur lequel est une tête d'éléphant (n. 7). AR. T. B.
124. ROMA. Tête de Pallas à droite. ℞. C. METELLVS. Figure couronnée par la Victoire, dans un bige d'éléphants à gauche (n. 8). AR. B.
125. Q. METEL. PIVS. Tête laurée et diadémée de Neptune? à droite. ℞. SCIPIO. IMP. Eléphant marchant à droite (n. 9). AR. F. D. C.
126. Tête diadémée de la Piété, à droite; devant, une cigogne. ℞. Q. C. M. P. I. Eléphant allant à gauche (n. 10). AR. T. B.
127. Même tête. ℞. IMPER. Præfericulum et lituus dans une couronne de laurier (n. 11.) AR. T. B.
128. METEL. PIVS. SCIP. IMP. Tête barbue de Jupiter en Terme à droite. ℞. CRASS. IVN. LEG. PRO. PR. Chaise curule; à droite, une main; à gauche, un épi; en haut, une balance et une corne d'abondance (n. 12).
AR. fourrée T. B.

129. Q. METEL. PIVS SCIPIO IMP. G. T. A. Femme debout de face, avec une tête de lion, tenant de la main droite un nilomètre, la main gauche sur la poitrine. ℞. P. CRASSVS IVN. LEG. PRO. PR. Victoire debout, tenant un caducée et un bouclier (n. 13). AR. T. B.

CAESIA

130. Buste diadémé d'Apollon, à gauche, lançant un triple javelot; derrière, AP. (en monogramme). ℞. L. CAESI. Deux figures viriles assises; à gauche; LA, à droite, RE (n. 1). AR. T. B.

CALIDIA

131. ROMA. Tête de Pallas à droite. ℞. M. CALID. Q. MET. CN. FL. Victoire dans un bige au galop, à droite (n. 1). AR. B.

CALPVRNIA

132. Tête de Pallas à droite. ℞. CN. CALP. ROMA. Les Dioscures à cheval allant à droite (n. 1). AR. T. B.
133. Même tête. ℞. P. CALP. ROMA. Femme dans un bige au galop à droite, couronnée par la Victoire (n. 2). AR. T. B.
134. Tête laurée d'Apollon à droite; derrière, une palme. ℞. L. PISO FRVGI. Victoire debout, tenant une couronne et une palme (n. 4). AR. Q. T. B.
135. Même tête; derrière, XXVIII. ℞. L. PISO FRVGI. Dessous, M. Cavalier courant à droite, tenant une palme; au-dessus, XXXVIIII (n. 10, var.). AR. B.
136. Même pièce et maillet derrière la tête; devant, M. V. D. au revers. AR. T. B.
137. Même pièce, un insecte devant la tête d'Apollon et LXXXIIII au revers. AR. T. B.
138. Même tête; devant A. ℞. L. PISO FRVGI. ROMA. Cavalier courant à droite, tenant une palme; au-dessus, une petite chèvre placée sur un T (n. 11). AR. B.
139. Même tête, entre une fleur et une étoile. ℞. L. PISO. FRVG. ROMA. Cavalier courant à gauche, tenant une palme; dessus, un casque (n. 12). AR. T. B.

140. Même tête; derrière, ROMA dessus une étoile; devant, un vase, le tout dans un collier. ℞. L. PISO. L. FRVGI. Cavalier courant à gauche (n. 13). AR. T. B.

141. Même tête; derrière, la harpe. ℞. C. PISO L. F. FRVGI. Cavalier courant à droite, tenant un fouet; au-dessus, un harpon (n. 15). AR. T. B.

142. Même tête; derrière, un bâton autour duquel un serpent. ℞. Même légende; cavalier courant à droite, sans palme; au-dessus, un bateau; au bas, une épée (*variété du n.* 15). AR. F. D. C.

3. Même tête; derrière, S. ℞. C. PISO L. F. FRV. Cavalier galopant à droite, tenant une palme (n. 16). AR. T. B.

1 4. Tête diadémée d'Apollon à gauche; derrière, Δ. ℞. C. PISO L. F. FRV. Cavalier galopant à droite, les mains libres et coiffé d'un bonnet pointu; au-dessus, ∽ (n. 19). AR. T. B.

145. Même tête; derrière, I. ℞. C. PISO L. F. FRVGI. Génie à cheval en course, à gauche, tenant une torche (n. 20). AR. F. D. C.

146. Terme entre une couronne et un vase. ℞. M. PISO M. F. FRVGI. Patère et secespita dans une couronne de laurier (n. 22). AR. B.

147. Tête jeune en Terme à droite; derrière, un astre et une couronne; devant, le simpulum. ℞. M. PISO M. F. FRVGI. Patère et secespita dans une couronne de laurier (n. 23). AR. T. B.

148. PISO CAEPIO Q. Tête laurée de Saturne à droite; derrière, une faux. ℞. AD. FRV. EMV. EX S. C. Les questeurs Pison et Cépion assis entre deux épis (n. 24). AR. T. B.

149. CN. PISO PROQ. Tête de Numa Pompilius à droite, avec un diadème sur lequel on lit : NVMA; dessous la tête, Q. ℞. MAGN. PRO. COS. Proue de vaisseau (n. 25). AR. F. D. C.

CANINIA

150. AVGVSTVS. Tête nue d'Auguste à droite. ℞. L. CANINIVS GALLVS III VIR. Parthe à genoux, présentant une enseigne (n. 2). AR. T. B.

CARISIA

151. Buste ailé de la Victoire à droite. ℞. T. CARISI. Victoire dans un bige au galop à droite, tenant une couronne (n. 2).   AR. T. B.
152. ROMA. Tête de Pallas à droite, casque orné d'une plume. ℞. T. CARISI. Sceptre, globe, corne d'abondance et gouvernail; le tout dans une couronne de laurier (n. 3).   AR. F. D. C.
153. MONETA. Tête nue de Junon Moneta à droite. ℞. T. CARISIVS. Tenailles, coin, enclume et marteau; le tout dans une couronne de laurier (n. 7).   AR. B.
154. Tête de Sibylle à droite. ℞. T. CARISIVS III VIR. Sphinx assis à droite (n. 8).   AR. B.
155. IMP. CAESAR AVGVSTVS. Tête nue d'Auguste à gauche. ℞. P. CARISIVS LEG. PRO. PR. Trophée sur un monceau de boucliers et d'armes espagnoles (n. 11).   AR. T.B.
156. AVGVST. Tête nue d'Auguste à droite. ℞. P. CARISI. LEG. Victoire couronnant un trophée (n. 18).   AR. Q.T.B.

CARVILIA

157. Tête laurée de Jupiter jeune à droite; dessous, un foudre. ℞. Jupiter dans un quadrige au galop à droite, lançant la foudre (n. 3).   AR. B.

CASSIA

158. Tête de Pallas à droite. ℞. C. CASSI ROMA. La Liberté dans un quadrige au galop à droite, tenant une haste et un bonnet (n. 1).   AR. F.D.C.
159. CAEICIAN. Tête de Cérès à gauche; derrière, K. ℞. L. CASSI. Deux bœufs attelés; en haut, M. (n. 2).   AR. F.D.C.
160. Même pièce, sans lettre du côté de la tête, et au ℞. T au-dessus des bœufs.   AR. T. B.
161. Tête de Bacchus à droite. ℞. L. CASSI. Q. F. Tête de Proserpine à gauche, couronnée de pampres (n. 3).   AR. F.D.C.

162. Tête voilée et diadémée de Vesta à gauche; derrière, le simpulum; devant, c. ℞. LONGIN. III V. Sénateur en toge debout, tenant une tablette sur laquelle on lit . v ; à ses pieds, un panier (n. 4). AR. T.B.
163. Tête nue d'Apollon; derrière, un sceptre. ℞. Q. CASSIVS. Aigle sur un foudre entre le lituus et le præfericulum (n. 6). AR. T.B.
164. Q. CASSIVS LIBERT. Tête nue de la Liberté à droite. ℞. Temple de Vesta surmonté d'une statue ; à droite, les lettres A. C. sur une tablette (n. 7). AR. T.B.
165. Q. CASSIVS VEST. Tête voilée de Vesta à droite. ℞. Même revers (n. 8). AR. T.B.
166. C. CASSEI. IMP. Tête laurée de la Liberté à droite. ℞. M. SERVILIVS LEG. Crabe tenant un acrostolium dans ses serres; dessous, un diadème dénoué et une rose des Rhodiens (n. 9). AR. T.B.
167. M. AQVINVS LEG. LIBERTAS. Tête diadémée de la Liberté à droite. ℞. C. CASSI. PRO. COS. Trépied avec la cortine et deux branches de laurier (n. 10). OR. B.
168. C. CASSI. IMP. Tête laurée de la Liberté à droite. ℞. M. SERVILIVS LEG. Acrostolium (n. 12). OR. T. B.
169. C. CASSI. IMP. LEIBERTAS. Tête diadémée de la Liberté à droite. ℞. LENTVLVS SPINT. Præfericulum et lituus (n. 14). AR. T. B.
170. Même légende et même tête. ℞. LENTVLVS SPINT. Præfericulum et lituus (n. 15). AR. F. D. C.
171. Même légende et même type. OR. B.

CESTIA

172. Tête de l'Afrique à droite, avec la peau d'éléphant. ℞. L. CESTIVS C. NORBA PR. S. C. Chaise curule surmontée d'un casque (n. 1). OR. B.

CIPIA

173. M. CIPI. M. F. Tête de Pallas à droite. ℞. ROMA. Victoire dans un bige au galop à droite, tenant une palme ; dessous, un gouvernail (n. 1). AR. B.

CLAVDIA

174. Tête laurée d'Apollon à droite. ℞. Victoire couronnant un trophée; dans le champ, VNI; à l'exergue, ROMA (n. 1). AR. Q.
175. Tête de Pallas à droite. ℞. C. PLVCHER. Victoire dans un bige au galop à droite (n. 2). AR. T. B.
176. Buste de Diane à droite; devant, S. C. ℞. TI. CLAVD. TI. F. AP. N. Victoire dans un bige au galop à droite; dessous le bige, CXXXV (n. 3). AR. T. B.
177. MARCELLINVS. Tête nue de Marcellus à droite; derrière, la triquetra. ℞. MARCELLVS COS. QVINQ. Marcellus portant les dépouilles opimes de Viridomar dans le temple de Jupiter Férétrien (n. 4). AR. T. B.
178. C. CLODIVS C. F. Tête de Flore à droite couronnée de fleurs; derrière, une fleur. ℞. VESTALIS. Vestale assise à gauche, tenant le simpulum (n. 5). OR. T. B.
179. Même médaille. AR. T. B.
180. Tête laurée d'Apollon à droite. ℞. P. CLAVDIVS M. F. Diane debout, tenant deux torches (n. 6). (2 pièces variées.) AR. T. B.
181. Tête radiée du soleil à droite; derrière, un carquois vide. ℞. P. CLAVDIVS M. F. Croissant entre cinq étoiles. (n. 7). AR. B.

CLOVLIA

182. ROMA. Tête de Pallas à droite. ℞. T. CLOVLI. Victoire dans un bige au galop à droite; à terre, un épi (n. 1). AR. Q. B.
183. Tête laurée de Jupiter à droite. ℞. T. CLOVLI. Q. Victoire couronnant un trophée (n. 2). AR. B.

COCCEIA

184. M. ANT. IMP. AVG. III VIR R. P. C. NERVA. PROQ. P. Tête nue de Marc-Antoine à droite. ℞. L. ANTONIVS COS. Tête nue de Lucius Antoine à droite (n. 1). AR. T. B.

COELIA

185. Tête de Pallas à gauche. ℞. c. coil. cald. Victoire dans un bige au galop à gauche ; au-dessus, r. ou c. (n. 2). (2 variétés.) AR. F. D. C.
186. c. coel. caldvs cos. Tête nue de Coelius Caldus à droite ; derrière, sur une tablette, les lettres l. d. ℞. caldvs iii vir. Tête radiée du Soleil à droite ; devant, un bouclier rond ; derrière, un bouclier ovale (n. 4). AR. T. B.
187. Même légende et même tête nue ; derrière, une enseigne sur laquelle on lit : his (*Hispania*) ; devant, un sanglier. ℞. Figure couchée sur un lectisternium, au bas duquel on lit : l. caldvs vii vir. epvl ; de chaque côté, un trophée ; à gauche, c. caldvs ; à droite, imp. a. x. ; à l'exergue, caldvs iii vir (n. 5). AR. T. B.
188. Même pièce que la précédente ; le sanglier est placé derrière, et l'enseigne portant les lettres his devant (n. 6). AR. T. B.

CONSIDIA

189. c. considi. noniani. s. c. Tête diadémée et laurée de Vénus Érycine à droite. ℞. Temple sur le sommet d'une montagne entourée de murailles ; au-dessus de la porte, on lit : ervc (n. 1). AR T. B.
190. Buste casqué de Minerve à droite. ℞. c. considi. Victoire dans un quadrige au galop à droite, tenant une couronne et une longue palme (n. 2). AR. B.
191. c. considi. Tête de Cupidon à droite. ℞. Globe et double corne d'abondance attachés avec des rubans (n. 3). AR. *sesterce*. B.
192. paeti. Tête diadémée et laurée de la Liberté? à droite. ℞. c. considi. Victoire dans un quadrige au galop à gauche, tenant une couronne et une longue palme (n. 4). AR. B.
193. Même pièce. La tête à gauche (n. 5). AR. B.
194. Tête laurée de la Liberté? à droite ; derrière, a. ℞. c.

CONSIDI. PAETI. Chaise curule ; au-dessus, une couronne (n. 8). AR. B.

195. Tête laurée de la Liberté? à droite. ℟. C. CONSIDIVS PAETVS. Chaise curule ; au-dessus, une couronne (n. 9). AR. B.

COPONIA

196. Q. SICINIVS III VIR. Tête diadémée d'Apollon à droite; dessous, une étoile. ℟. C. COPONIVS PR. S. C. Massue couverte d'une peau de lion, entre un arc et une flèche. 2 variétés (n. 1). AR. T. B.

CORDIA

197. RVFVS. III VIR. Têtes accolées des Dioscures à droite. ℟. MAN. CORDIVS. Vénus debout ayant Cupidon sur ses épaules (n. 1). AR. T. B.

198. RVFVS. S. C. Tête diadémée de Vénus à droite. ℟. MAN. CORDIVS. Cupidon sur un dauphin (n. 2). AR. F. D. C.

199. RVFVS. Chouette sur un casque. ℟. MAN. CORDIVS. Égide ; au milieu, la tête de Méduse (n. 3). AR. B.

CORNELIA

200. SISENA. ROMA. Tête de Pallas à droite, devant, Σ. ℟. CN. CORNEL. L. F. Jupiter dans un quadrige au galop à droite, foudroyant un géant (n. 1). AR. T. B.

201. Tête laurée de Jupiter à gauche ; devant, Q. ℟. L. SCIP. ASIAG. Jupiter nu dans un quadrige au galop à droite, tenant un foudre et un sceptre. 2 variétés (n. 3). AR. T. B.

202. CN. BLASIO. CN. F. Tête casquée de Scipion l'Africain? à droite ; au-dessus, x ; derrière, une couronne. ℟. ROMA. Jupiter debout tenant la haste et la foudre ; à sa droite, Junon ; à sa gauche, Pallas qui le couronne ; dans le champ, V. (n. 4). AR. B.

203. ROMA. Buste d'Hercule jeune à droite ; devant, A. ℟. LENT. MAR. F. Soldat casqué debout, tenant une haste, couronné par le génie du peuple romain, dans le champ A (n. 5). AR. T. B.

204. Même médaille, avec les lettres B et D.
2 pièces. AR. T. B.
205. Buste casqué de Mars à droite, avec un sceptre. ℞. CN.
LENTVL. Victoire dans un bige au galop à droite, tenant
une couronne (n. 7). AR. T. B.
206. Tête laurée de Jupiter à droite. ℞. CN. LENT. Victoire
couronnant un trophée (n. 8). AR. Q. F. D. C.
207. G. P. R. Tête diadémée du génie du peuple romain à
droite. ℞. CN. LEN. Q. EX. S. C. Globe, gouvernail et
sceptre, auquel est attachée une couronne de laurier
(n. 10). AR. F. D. C.
208. Même tête. ℞. LENT. CVR. FL. EX S. C. Même revers
(n. 11). AR. T. B.
209. Q. S. C. Tête nue et barbue d'Hercule à droite. ℞. P. LENT.
P. F. L. N. Le génie du peuple romain assis sur une
chaise curule; une Victoire vole devant lui et le couronne (n. 12). AR. B.
210. La Triquetra. Au milieu, la tête de Méduse. ℞. LENT.
MAR. COS. Jupiter nu, debout, tenant un foudre et un
aigle (n. 13). AR. T. B.
211. L. LENT. C. MARC. COS. Tête nue de Jupiter jeune, à
droite. ℞. Jupiter nu, debout près d'un autel, tenant
un foudre et un aigle; dans le champ, une étoile;
dessous, Q (n. 14). AR. B.
212. Tête barbue de Jupiter Pluvius à droite. ℞. L. LENTVLVS
MAR. COS. Diane d'Éphèse debout (n. 15). AR. T. B.
213. Tête de Pallas à droite. ℞. P. SVLA. ROMA. Victoire dans
un bige au galop à droite (n. 16). AR. F. D. C.
214. L. SVLLA. Tête diadémée de Vénus à droite; devant,
Cupidon. ℞. IMPER. ITERVM. Præfericulum et lituus
entre deux trophées (n. 17). OR. T. B.
215. La même en argent. B.
216. Tête diadémée de Vénus à droite. ℞. Double corne
d'abondance remplie de fruits; dans le champ, Q
(n. 18). AR. T. B.
217. SVLLA COS. Tête nue de Sylla à droite. ℞. RVFVS COS. Q.
POM. RVFI. Tête nue de Pompeius Rufus à droite.
(n. 19). AR. B.
218. SVLLA COS. Q. POMPEI. RVF. Chaise curule entre le lituus

et une couronne. ℞. Q. POMPEI. Q. F. RVFVS COS. Chaise curule entre une flèche et une branche de laurier (n. 20). AR. T. B.

219. S. C. Tête d'Hercule jeune à droite. ℞. Globe entre quatre couronnes; en bas, acrostolium et épi (n. 22). AR. B.

220. S. C. Tête de Vénus à droite. ℞. FAVS (en monogramme). Trois trophées entre le præfericulum et le lituus (n. 23). AR. T. B.

221. FAVSTVS. Tête diadémée de Diane à droite, derrière, le lituus. ℞. FELIX. Sylla assis sur une estrade; au-dessous, Bocchus à genoux lui présente une branche de laurier et Jugurtha, aussi à genoux, les mains liées derrière le dos (n. 24). AR. T. B.

222. FEELIX. Tête de Bocchus? à droite, diadémée et avec la peau de lion. ℞. FAVSTVS. Diane dans un bige au galop à droite, avec une écharpe flottante, tenant le lituus; dans le champ, quatre étoiles (n. 25). AR. F. D. C.

223. LENTVLVS SPINT. Præfericulum et lituus. ℞. BRVTVS. Hache, simpulum et secespita (n. 26). AR. T. B.

224. C. CAESAR III VIR R. P. C. Tête nue d'Octave à droite. ℞. BALBVS PRO. PR. Massue (n. 27). AR. B.

225. AVGVSTVS. Tête nue d'Auguste à droite. ℞. COSSVS CN. F. LENTVLVS. Statue équestre sur une proue de vaisseau, portant un trophée (n. 28). AR. B.

226. Même tête et même légende. ℞. L. LENTVLVS FLAMEN. MARTIALIS. Deux figures debout (n. 30). AR. T. B.

CORNVFICIA

227. Tête de l'Afrique à droite, couverte de la peau d'éléphant. ℞. Q. CORNVFICI AVGVR. IMP. Cornuficius debout en toge, voilé et tenant le lituus, couronné par Junon Sospita (n. 3). AR. (Une des têtes effacée). T. B.

COSCONIA

228. L. COSCO. M. F. Tête de Pallas à droite. ℞. L. LIC. CN. DOM. Mars nu, debout dans un bige au galop à droite, tenant un bouclier et un carnyx, et lançant un javelot (n. 1). AR. B.

COSSVTIA

229. SABVLA. Tête de Méduse à gauche. ℞. L. COSSVTI. C. F. Bellérophon à cheval sur Pégase; derrière, XXVI (n. 1). AR. B.
230. CAESAR PARENS PATRIAE. Tête laurée et voilée de Jules César à droite, entre l'apex et le lituus. ℞. C. COSSVTIVS MARIDIANVS. A. A. A. F. F. en quatre lignes qui se croisent (n. 2). AR. T. B.
231. CAESAR DICT. IN PERPETVO. Tête laurée et voilée de Jules César à droite. ℞. C. MARIDIANVS. Vénus debout, tenant une Victoire et un bouclier; à ses pieds, un globe (n. 4). AR. T. B.

CREPEREIA

232. Buste de Vénus Anadyomène? à droite. ℞. Q. CREPER. M. F. ROCVS. Neptune dans un bige d'hippocampes à droite, tenant un trident; dans le champ, K (n. 2). AR. B.

CREPVSIA

233. Tête laurée de Jupiter jeune à droite. ℞. P. CREPVSI. Cavalier à droite, tenant un javelot; dans le champ, IIIIT. AR. T. B. 3 variétés

CVPIENNIA

234. Tête de Pallas à droite. ℞. L. CVP. ROMA. Les Dioscures à cheval allant à droite (n. 1). AR. T. B.

CVRIATIA

235. TRIGE. Tête casquée de Pallas à droite. ℞. C. CVR. ROMA. Femme dans un quadrige au galop à droite et couronnée par la Victoire (n. 1). AR. T. B.
236. TRIG. Tête casquée de Pallas à droite. ℞. C. CVR. F. ROMA. Femme dans un quadrige au galop à droite, et couronnée par la Victoire (n. 2). AR. T. B.

CVRTIA

237. Q. CVRT. Tête de Pallas à droite. ℞. M. SILA. ROMA. Jupiter dans un quadrige au galop à droite, tenant un sceptre et lançant la foudre; en haut, le lituus (n. 1).
AR. T. B.

DECIA

238. Tête de Pallas à droite. ℞. ROMA. Les Dioscures à cheval allant à droite; dessous, un bouclier ovale et un carnyx en sautoir (n. 1). AR. T. B.

DECIMIA

239. Tête de Pallas à droite. ℞. FLAVS. ROMA. Diane dans un bige au galop à droite, tenant un fouet (n. 1). AR. T. B.

DIDIA

240. ROMA. Tête de Pallas à droite. ℞. T. DEIDI. Centurion fouettant un soldat (n. 1). AR. T. B.

DOMITIA

241. Tête de Pallas à droite. ℞. CN. DO. ROMA. Les Dioscures à cheval allant à droite (n. 1). AR. F. D. C.
242. Même tête. ℞. ROMA. CN. DOM. Victoire dans un bige au galop à droite; dessous, un homme combattant un lion (n. 2). AR. F. D. C.
243. ROMA. Tête de Pallas. ℞. CN. DOM. Jupiter dans un quadrige au pas à droite, tenant un foudre et un rameau (n. 3). AR. T. B.
244. AHENOBAR. Tête nue de Cnæus Ahenobarbus à droite. ℞. CN. DOMITIVS IMP. Trophée sur une proue de navire (n. 4). AR. T. B.
245. AHENOBAR. Tête nue de Domitius Ahenobarbus à droite. ℞. CN. DOMITIVS L. F. IMP. Temple à quatre colonnes; en haut, NEPT (n. 5). OR. B.
246. OSCA. Tête virile nue et barbue à droite. ℞. DOM. COS.

iter. imp. Simpulum, aspersoir, hache et bonnet de flamine (n. 7). AR. T. B.

DVRMIA

247. m. dvrmivs iii vir honori. Tête diadémée de l'Honneur à droite. ℞. caesar avgvstvs sign. rece. Parthe à genoux, présentant une enseigne militaire (n. 1).
AR. F. D. C.
248. Même tête. ℞. avgvstvs caesar. Auguste dans un bige d'éléphants à gauche, tenant une palme (n. 2).
AR. T. B.
249. Même tête. ℞. caesar avgvstvs s. c. Quadrige au pas à droite ; dessus, une fleur (n. 3). AR. B.
250. caesar avgvstvs. Tête nue d'Auguste à droite. ℞. m. dvrmivs iii vir. Sanglier percé d'une flèche (n. 5).
AR. T. B.
251. Même tête. ℞. m. dvrmivs iii vir. Lion dévorant un cerf (n. 6). AR. T. B.
252. La même pièce avec iii vir à l'exergue du revers.
AR. T. B.

EGNATIA

253. maxsvmvs. Tête diadémée de Vénus à droite; derrière, Cupidon. ℞. c. egnativs cn. f. Femme dans un bige au pas à gauche, couronnée par la Victoire; derrière, un bonnet de Liberté (n. 1). AR. F. D. C.
254. maxsvmvs. Tête diadémée de la Liberté? à droite ; derrière, un bonnet. ℞. c. egnativs cn. f. cn. n. Rome et Vénus debout; entre leurs têtes, Cupidon volant (n. 2).
AR. F. D. C.
255. maxsvmvs. Buste ailé de Cupiden à droite. ℞. Même légende Jupiter? et Junon? debout sous un portique, dans le champ, vii (n. 3). AR. T. B.

EGNATVLEIA

256. c. egnatvlei. c. f. Tête laurée d'Apollon à droite; dessous, q. ℞. roma. Victoire couronnant un trophée; dans le champ, q. AR. Q. T. B.

EPPIA

257. SCIPIO IMP. Q. METEL. Tête de l'Afrique ; à droite, épi ; dessous, charrue. ℞. EPPIVS. LEG. F. C. Hercule debout appuyé sur sa massue (n. 1). AR. B.

FABIA

258. LABEO. ROMA. Tête de Pallas à droite. ℞. Q. FABI. Jupiter dans un quadrige au galop à droite (n. 2). AR. B.
259. Q. MAX. ROMA. Tête de Pallas à droite. ℞. Corne d'abondance remplie de fruits, et foudre en sautoir (n. 3). AR. T. B.
260. ROMA. Q. MAX. Tête laurée d'Apollon à droite ; devant, une lyre ; dessous, X. ℞. Même revers (n. 4). AR. T. B.
261. Tête de Pallas à droite. ℞. ROMA. C. F. L. R. Q. M. Victoire dans un quadrige au galop à droite, tenant une couronne (n. 5). AR. T. B.
262. Même tête. ℞. N. FABI. PICTOR ROMA. Homme casqué assis, tenant une haste et un bonnet de flamine ; derrière lui, un bouclier sur lequel on lit QVIRIN (n. 6). AR. B.
263. EX A. PV. Tête de Cybèle à droite. ℞. C. FABI. C. F. Victoire dans un bige au galop à droite, tenant une épée ; sous le bige, une cigogne et la lettre P (n. 7). AR. B.
264. Même tête derrière X ℞. Même revers, sans lettre dans le champ (n. 8). AR. B.

FANNIA

265. ROMA. Tête de Pallas à droite. ℞. M. FAN. C. F. Victoire dans un quadrige au galop à droite, tenant une couronne (n. 1). AR. B.

FARSVLEIA

266. MENSOR. Tête diadémée de la Liberté à droite ; devant, S. C. ℞. L. FARSVLEI. Figure militaire debout dans un

bige, donnant la main à une figure en toge qui se dispose à y monter (n. 1). AR. F. D. C.

FLAMINIA

267. ROMA. Tête de Pallas à droite. ℞. L. FLAMINI. CILO. Victoire dans un bige au galop à droite, tenant une couronne (n. 1). AR. B.
268. IIII VIR. PRI. FL. Tête diadémée de Vénus à droite. ℞. Même type avec CHILO (n. 2). AR. B.
269. Tête laurée de Jules César à droite. ℞. L. FLAMINIVS IIII VIR. Femme debout tenant un caducée et une haste (n. 3). AR. T. B.

FLAVIA

270. C. FLAV. HEMIC. LEG. PRO. PR. Tête nue d'Apollon à droite ; devant, une lyre. ℞. Q. CAEP. BRVT. IMP. Victoire couronnant un trophée (n. 1). AR. T. B.

FONTEIA

271. Tête double laurée de Fontus, fils de Janus; devant, X; derrière, E ou C. ℞. C. FONT. ROMA. Galère avec des rameurs (n. 1). AR. T. B. 2 pièces.
272. Têtes laurées et accolées des Dioscures à droite, devant, X. ℞. MAN. FONTEI. Galère; dessous, P (n. 2). AR. B.
273. MAN. FONTEI. C. F. Tête laurée de Jupiter jeune à droite ; devant, AP. ℞. Le génie de Jupiter assis sur la chèvre Amalthée; en haut, les bonnets des Dioscures; dessous un thyrse (n. 4). AR. F. D. C.
274. La même, sans AP du côté de la tête (n. 5). AR. T. B.
275. La même, avec les bonnets des Dioscures de chaque côté de la chèvre Amalthée (n. 6). AR. T. B.
276. EX A. PV. Même tête. ℞. Même revers (n. 7). AR. B.
277. P. FONTEIVS P. F. CAPITO III VIR. Buste casqué de Mars à droite, portant un trophée. ℞. MAN. FONT. TR. MIL. Cavalier tenant une haste et foulant aux pieds deux ennemis (n. 9). AR. T. B.

278. P. FONTEIVS CAPITO III VIR. CONCORDIA. Tête diadémée et voilée de la Concorde à droite. ℞. T. DIDI. IMP. VIL. PVB. Portique avec un double rang de colonnes (n. 10).
AR. T. B.

FVFIA

279. KALENI. Tête laurée de l'Honneur et tête casquée de la Vertu accolées à droite; à gauche. HO; à droite, VIRT. ℞. CORDI. Deux femmes debout se donnant la main; à gauche un caducée ailé et ITAL.; à droite, EO (n. 1).
AR. T. B.

FVLVIA

280. ROMA. Tête de Pallas à droite. ℞. CN. FOVL. M. CAL. Q. MET. Victoire dans un bige au galop à droite, tenant une couronne (n. 1).
AR. T. B.

FVNDANIA

281. Tête de Pallas à droite; derrière, E. ℞. C. FVNDAN. Triomphateur dans un quadrige au pas à droite, dans le champ, Q (n. 1).
AR. T. B.

282. Tête laurée de Jupiter à droite; derrière, H. ℞. C. FVNDA. Captif à genoux portant un trophée que couronne une Victoire; à l'exergue, Q. (n. 2). AR. Q. F. D. C.

FVRIA

283. Tête de Pallas à droite. ℞. PVR. ROMA. Diane dans un bige au galop à droite; en haut, le murex (n. 2).
AR. T. B.

284. M. FOVRI. L. F. Tête laurée de Janus. ℞. PHLI. ROMA. Rome casquée debout, tenant une haste et couronnant un trophée (n. 3).
AR. T. B.

285. AED. CVR. Tête tourelée de Cybèle à droite; derrière, un pied. ℞. P. FOVRIVS sur une chaise curule; à l'exergue, CRASSIPES (n. 4).
AR. B.

286. BROCCHI; III VIR. Tête de Cérès à droite, à gauche, un épi; à droite, un grain d'orge. ℞. L. FVRI. CN. F. Chaise

curule entre deux faisceaux avec des haches (n. 5).
AR. B.

GELLIA

287. Tête de Pallas à droite. ℞. CN. GEL. ROMA. Mars dans un quadrige au galop à droite, enlevant Nériène (n. 1).
AR. T. B.

288. M. ANT. IMP. AVG. III VIR R. P. C. GELL. Q. P. Tête nue de Marc-Antoine à droite; derrière, le præfericulum. ℞. CAESAR IMP. PONT. III VIR. R. P. C. Tête nue d'Octave à droite; derrière, le lituus (n. 2). AR. T. B.

HERENNIA

289. PIETAS. Tête diadémée de la Piété à droite; devant, Z. ou ʃ. ℞. M. HERENNI. Un des frères de Catane portant son père (2 variétés, n. 1). AR. B.

HIRTIA

290. C. CAESAR COS. TER. Tête voilée de la Piété à droite. ℞. A. HIRTIVS PR. Lituus, præfericulum et hache (n. 1).
OR. B.

HOSIDIA

291. GETA III VIR. Buste diadémé de Diane à droite. ℞. C. HOSIDI. C. F. Sanglier percé d'une flèche, et assailli par un chien (n. 1). AR. T. B.

292. Même légende et même buste de Diane en cheveux. ℞. Même revers (n. 2). AR. T. B.

HOSTILIA

293. Tête de Vénus à droite. ℞. L. HOSTILIVS SASERNA. Victoire passant, portant un trophée et un caducée (n. 1).
AR. T. B.

294. Tête de la Peur à droite, les cheveux hérissés; derrière, un bouclier oblong. ℞. L. HOSTILIVS SASERN. Homme nu dans un bige combattant avec une lance et un bou

clier; sur le devant, un homme nu tient les rênes des chevaux (n. 2). AR. T. B.

295. Tête de la Pâleur à droite; derrière, une trompette gauloise. ℞. L. HOSTILIVS SASERNA. Diane d'Éphèse tenant d'une main une longue haste, et, de l'autre, un cerf par les cornes (n. 3). AR. T. B.

ITIA

296. Tête de Pallas à droite. ℞. L. ITI. ROMA. Les Dioscures à cheval allant à droite (n. 1). AR. B.

IVLIA

297. Tête de Pallas à droite; derrière, XVI. ℞. L. IVLI. ROMA. Les Dioscures à cheval allant à droite (n. 1).
AR. T. B.

298. Tête de Pallas à droite; derrière, une ancre. ℞. ROMA; SEX. IVLI. CAESAR. Vénus dans un bige au galop à droite; derrière elle, Cupidon qui la couronne (n. 2). AR. B.

299. Tête de Pallas à droite; derrière, un épi. ℞. L. IVLI. Victoire dans un bige au galop à droite (n. 3).
AR. T. B.

300. CAESAR. Tête casquée de Pallas à gauche; en haut, D. ℞. L. IVLI. L. F. Vénus dans un char à gauche conduit par deux Amours; devant, une lyre (n. 4). AR. B.

301. Tête jeune à droite, laurée et ailée, avec un trident et une fleur derrière la tête. ℞. L. IVLI. BVRSIO. Victoire dans un quadrige au galop à droite, T|| (n. 5). AR. B.

302. Tête jeune à droite, laurée et ailée, avec un trident. ℞. EX A. P. Victoire dans un quadrige au galop à droite, tenant une couronne (n. 6). AR. B.

303. Tête diadémée de Vénus à droite. ℞. CAESAR. Énée portant Anchise et le palladium (n. 9). AR. B.

304. CAESAR. Éléphant foulant au pied un serpent ou un carnyx. ℞. Simpulum, aspersoir, hache et bonnet de flamine (n. 10). AR. F. D. C.

305. Tête diadémée de Vénus à droite; derrière, Cupidon.

℞. CAESAR. Trophée avec deux boucliers et deux trompettes gauloises; entre deux captifs (n. 11). AR. T. B.

306. Tête diadémée de Vénus à gauche; devant, Cupidon et le lituus; derrière, un sceptre. ℞. Même revers (n. 12).
AR. F. D. C.

307. IIT. Tête de la Piété à droite, couronnée de chêne. ℞. CAESAR. Trophée avec un bouclier et une trompette gauloise; à droite, une hache (n. 15).
AR. F. D. C. 2 variétés.

308. COS. TERT. DICT. ITER. Tête de Cérès à droite. ℞. AVGVR PONT. MAX. Simpulum, aspersoir, præfericulum et lituus; dans le champ, M. ou D (n. 17).
AR. T. B. 2 variétés.

309. CAESAR DICT. QVAR. Tête diadémée de Vénus à droite. ℞. COS. QVINQ. Dans une couronne de laurier (n. 19).
OR. B.

310. C. CAESAR DICT. PERP. PONT. MAX. Tête laurée de Jules César à droite. ℞. C. CAESAR COS. PONT. AVG. Tête nue d'Octave à droite (n. 21).
OR. B.

311. CAESAR III VIR R. P. C. Tête nue d'Octave à droite. ℞. CAESAR DIC. PER. sur une chaise curule sur laquelle est une couronne (n. 22).
AR. T. B.

312. C. CAESAR III VIR R. P. C. Tête nue d'Octave à droite. ℞. POPVL. IVSSV. Statue équestre à gauche, le bras levé (n. 23).
AR. B.

313. C. CAESAR IMP. Tête nue d'Octave à droite. ℞. S. C. Statue équestre à gauche, le bras levé (n. 25).
AR. T. B.

314. CAESAR III VIR R. P. C. Buste casqué de Mars à droite. ℞. S. C. Aigle sur un trophée entre deux enseignes militaires (n. 27).
AR. B.

315. CAESAR IMP. Tête nue d'Octave à droite. ℞. ANTONIVS IMP. Caducée ailé (n. 28).
AR. B.

316. IMP. CAESAR DIVI. F. III VIR ITER R. P. C. Tête nue d'Octave à droite. ℞. COS. ITER. ET TER. DESIG. Jules César debout dans un temple à quatre colonnes, tenant le lituus; sur la frise, on lit DIVO IVL (n. 31). AR. T. B.

317. Même légende et même tête. ℞. Même légende. Simpulum, aspersoir, præfericulum et lituus (n. 32).
AR. F. D. C.

318. Tête nue d'Octave à droite. ℞. CAESAR DIVI F. Apollon assis sur un rocher et jouant de la lyre (n. 36).
AR. B.

319. Même tête. ℞. CAESAR DIVI F. Vénus debout, appuyée sur une colonne, tenant un casque et une haste (n. 37).
AR. B.

320. Même tête. ℞. CAESAR DIVI F. Victoire dans un bige au galop à droite tenant une palme (n. 39). OR. B.

321. Tête nue d'Octave à gauche. ℞. CAESAR DIVI F. Victoire à gauche sur un globe, tenant une couronne et une palme (n. 40).
AR. T. B.

322. Tête nue d'Octave à droite. ℞. Même revers (n. 41).
AR. B.

323. Même tête. ℞. CAESAR DIVI F. Femme debout à gauche, tenant une branche d'olivier et une corne d'abondance (n. 43).
AR. T. B.

324. Buste ailé de la Victoire à droite. ℞. CAESAE DIVI F. Neptune nu debout à gauche, le pied appuyé sur un globle, tenant un acrostolium et un trident (n. 44).
AR. T. B.

325. Tête diadémée de Vénus à droite. ℞. CAESAR DIVI F. Homme debout à droite, en paludament, tenant une haste transversale et étendant le bras (n. 46). AR. F. D. C.

326. Tête diadémée de Vénus à droite. ℞. CAESAR DIVI F. Homme debout à gauche, tenant une haste transversale et étendant le bras (n. 45). AR. T. B.

327. CAESAR IMP. VII. Tête nue d'Octave à droite. ℞. ASIA RECEPTA. Victoire tenant une couronne et une palme, debout sur la ciste mystique d'où sort de chaque côté un serpent. c. (n. 48). AR. Q. 2 variétés, T. B.

328. CAESAR DIVI F. COS. VI. Tête nue d'Octave à droite; dessous un Capricorne. ℞. AEGYPTO CAPTA. Crocodile allant à droite (n. 53). AR. T. B.

329. Tête nue d'Octave à droite. ℞. IMP. CAESAR. Victoire de face, debout sur un globe, tenant une couronne et un étendard (n. 55). OR. B.

330. Même tête. ℞. IMP. CAESAR sur le fronton d'un édifice orné de deux figures et d'une Victoire (n. 56).
AR. T. B.

331. Buste de Diane à droite avec arc et carquois. ℞. IMP.

CAESAR sur le fronton d'un temple dans l'intérieur duquel on voit un trophée (n. 57). OR. B.

332. Tête laurée d'Octave à droite. ℞. IMP. CAESAR. Statue sur une colonne rostrale, ornée de deux ancres (n. 58).
AR. F. D. C.

333. Victoire debout à droite sur une proue de vaisseau, tenant une couronne et une palme. ℞. IMP. CAESAR. Octave dans un char triomphal à droite, tenant une branche de laurier (n. 59). AR. F. D. C.

334. Tête nue d'Octave à droite. ℞. IMP. CAESAR. Trophée naval (n. 60). AR. T. B.

335. Tête nue d'Octave à gauche. ℞. Même revers. *Inédite.*
AR. T. B.

336. Tête nue d'Octave à droite. ℞. IMP. CAESAR. sur le fronton d'un arc de triomphe surmonté d'un quadrige (n. 62). AR. T. B.

337. Tête laurée d'Apollon à droite. ℞. IMP. CAESAR. Prêtre conduisant deux bœufs à droite (n. 63). AR. T. B.

338. Tête laurée d'Octave à droite, en Terme; derrière, un foudre. ℞. IMP. CAESAR. Octave assis sur une chaise curule, tenant une Victoire (n. 64). AR. B.

339. Tête nue d'Octave à droite. ℞. IMP. CAESAR DIVI F. Bouclier rond (n. 66). AR. B.

340. Tête casquée de Mars à droite; dessous, IMP. ℞. CAESAR. Bouclier rond avec deux hastes qui se croisent; au milieu, une étoile (n. 67). AR. B.

341. CAESAR AVGVSTVS. Tête laurée d'Auguste à droite. ℞. Comète; DIVVS IVLIVS dans le champ (n. 69). AR. F. D. C.

342. CAESAR AVGVSTVS. Tête laurée d'Auguste à gauche. ℞. Même revers (n. 70). AR. F. D. C.

IVNIA

343. Tête de Pallas à droite. ℞. C. IVNI. C. F. ROMA. Les Dioscures à cheval allant à droite (n. 1). AR. F. D. C.

344. Tête de Pallas à droite; derrière une tête d'âne ℞. M. IVNI. ROMA. Les Dioscures à cheval allant à droite (n. 2). AR. B.

345. Tête de Pallas à droite; derrière, G. ℞. D. SILANVS L. F.

ROMA. Victoire dans un bige au galop à droite; en haut, v. (n. 6). AR. T. B. 2 variétés.

346. SALVS. Tête diadémée de la Santé à droite. ℞. D. SILANVS L. F. Victoire dans un bige au galop à droite; sous le bige, une sauterelle (n. 7). AR. B.

347. Tête diadémée de la Santé à droite; le tout dans un collier, sans lettre et sans le mot SALVS qui est décrit dans H. Cohen. ℞. ROMA D. SILANVS L. F. Victoire dans un bige au galop à droite, tenant une palme et un fouet (*Variété* n. 8). AR. B.

348. Tête de Pan à droite. ℞. D. SILANVS L. F. Victoire dans un bige au galop à droite, tenant une palme et un fouet; dessous une trompette gauloise (n. 9). AR. B.

349. ROMA. Même tête, derrière B. ℞. Même légende et même type (n. 10). AR. T. B.

350. BRVTVS. Tête de Lucius Junius Brutus à droite. ℞. AHALA. Tête nue de Servilius Ahala à droite (n. 11). AR. T. B.

351. LIBERTAS. Tête diadémée de la Liberté à droite. ℞. BRVTVS. Brutus marchant entre deux licteurs et précédé d'un *accensus* (n. 12). AR. T. B.

352. LEIBERTAS. Tête diadémée de la Liberté à droite. ℞. Ancre et gouvernail en sautoir (n. 13). AR. Q. T. B.

353. BRVT. IMP. L. PLAET. CEST. Tête nue de Marcus Brutus à droite. ℞. EID. MAR. Bonnet entre deux poignards (n. 16). AR. T. B.

354. ANTON. AVG. IMP. III. COS. DES. III VIR. R. P. C. Tête nue de Marc-Antoine à droite. ℞. M. SILANVS. AVG. Q. PROCOS. en deux lignes dans le champ (n. 19). AR. B.

JVVENTIA

355. Tête de Pallas à droite. ℞. TAL. ROMA. Diane dans un bige au galop à droite (n. 1). AR. T. B.

356. Même tête. ℞. C. TAL. ROMA. Victoire dans un bige à droite, tenant un fouet (n. 2). AR. T. B.

LICINIA

357. Buste diadémée de Jupiter jeune à gauche, vu de dos, lançant un triple javelot. ℞. C. LICINIVS C. F. MACER.

Pallas dans un quadrige au galop à droite, lançant un javelot (n. 1). AR. B.

358. Tête diadémée et laurée de Vénus à droite; derrrière s. c. ℞. p. crassvs m. f. Chevalier debout de face, armé d'une haste et tenant son cheval par la bride (n. 2). AR. T. B.

359. nerva fides. Tête laurée de la Fidélité à droite. ℞. a. licini. iii vir. Cavalier en course traînant un Barbare par les cheveux (n. 7). AR. T. B.

360. crass. ivn. leg. rro. pr. Tête tourelée de femme à droite, entre un épi et un caducée. ℞. scip. imp. metel. pivs. Trophée entre le lituus et le præfericulum (n. 8). AR. T. B.

LIVINEIA

361. Tête nue de Livineius Régulus à droite. ℞. l. regvlvs. Deux gladiateurs nus combattant un tigre; plus loin, un taureau blessé (n. 1). AR. B.

362. Même tête. ℞. l. livineivs regvlvs. Modius entre deux épis (n. 2). AR. B.

363. Même tête. ℞. Même légende. Chaise curule entre six faisceaux (n. 3). AR. T. B.

364. regvlvs pr. Tête nue de Régulus à droite. ℞. Même revers (n. 4). AR. T. B.

365. l. regvlvs pr. Tête nue de Régulus à droite. ℞. regvlvs f. praef. vr. Chaise curule entre deux faisceaux (n. 5). AR. T. B.

366. Tête laurée de Jules César à droite, entre une branche de laurier et un caducée. ℞. l. livineivs regvlvs. Taureau furieux courant à droite (n. 6). AR. T. B.

367. c. caesar iii vir r. p. c. Tête nue d'Octave à droite. ℞. l. livineivs regvlvs. Victoire passant tenant une couronne et une longue palme (n. 10). AR. T. B.

LOLLIA

368. honoris. Tête de l'Honneur à droite. ℞. palikanvs. Chaise curule entre deux épis (n. 1). AR. T. B.

369. libertatis. Tête diadémée de la Liberté à droite. ℞.

PALIKANVS. La tribune aux harangues ornée d'éperons de navire (n. 2). AR. T. B.

LVCILIA

370. PV. Tête de Pallas à droite. ℞. M. LVCILI. RVF. Victoire dans un bige au galop à droite (n. 1). AR. T. B.

LVCRETIA

371. TRIO. Tête de Pallas à droite. ℞. CN. LVCR. ROMA. Les Dioscures à cheval allant à droite (n. 1). AR. T. B.
372. Tête radiée du Soleil à droite. ℞. TRIO L. LVCRETI. Croissant entouré de sept étoiles (n. 2). AR. B.
373. Tête laurée de Neptune à droite; derrière, un trident; au-dessus, XXXIIII. ℞. L. LVCRETI. TRIO. Cupidon sur un dauphin (n. 3). AR. T. B.
374. Tête radiée du Soleil à droite. ℞. IMP. CAES. TRAIAN. AVG. GER. DAC. P. P. REST. autour; dans le champ, TRIO. L. LVCRETI. Croissant entouré de sept étoiles (n. 5). AR. B. Restitution de Trajan.

LVTATIA

375. CERCO. ROMA. Tête de Pallas à droite avec le casque orné d'une plume et de deux étoiles; derrière, X. ℞. Q. LVTATI. Q. Galère avec une tête de femme casquée à la proue et un acrostolium à la poupe; le tout dans une couronne de chêne (n. 2). AR. T. B.

MAENIA

376. Tête de Pallas à droite. ℞. P. MAE ANT. ROMA. Victoire dans un quadrige au galop à droite, tenant une couronne (n. 2). AR. T. B.

MAIANIA

377. Tête de Pallas à droite. ℞. C. MAIANI. ROMA. Victoire dans un bige au galop à droite (n. 1). AR. F. D. C.

MAMILIA

378. Buste de Mercure à droite. ℞. C. MAMIL. LIMETAN. Ulysse revenant de voyage, un bâton à la main, et reconnu par son chien (n. 1). AR. T. B.

MANLIA

379. SER ROMA. Tête de Pallas à droite. ℞. A. MANLI. Q. F. Le Soleil de face dans un quadrige; à gauche, X; à droite, un croissant (n. 1). AR. T. B.
380. L. MANLI. PRO. Q. Tête de Pallas à droite. ℞. L. SVLLA IM. Sylla dans un quadrige au pas à droite, couronné par une Victoire (n. 2). OR. F. D. C.
381. La même médaille. AR. T. B.
382. Variété de la même pièce : les chevaux autrement placés (n. 3). AR. B.
383. Tête de Pallas à droite. ℞. L. TORQVAT. EX. S. C. Soldat à cheval en course à gauche, tenant son bouclier et sa lance; au-dessus, Q (n. 5). AR. T. B.
384. Tête diadémée de la Sybille (de Cumes?) à droite, sans le mot SIBYLLA. ℞. L. TORQVAT. III VIR. Trépied surmonté d'un vase entre deux étoiles; le tout dans une couronne de laurier (n. 6). AR. T. B.
385. Même pièce avec SIBYLLA sous la tête diadémée de la Sybille (n. 7). AR. T. B.
386. La même incuse, avec SIBVLLA sous la tête. AR. T. B.

MARCIA

387. LIBO. Tête de Pallas à droite. ℞. Q. MARC. ROMA. Les Dioscures à cheval allant à droite (n. 1). AR. T. B.
388. Tête de Pallas à droite; derrière, le modius. ℞. M. MARC. ROMA. Victoire dans un bige au galop à droite; dessous, deux épis (n. 3). AR. F. D. C.
389. Tête de Pallas à droite. ℞. Q. PILIPVS ROMA. Cavalier en course à droite, la tête couverte du casque macédonien, (n. 4). AR. B.

390. ROMA. Tête de Philippe V de Macédoine avec le casque macédonien surmonté de deux cornes. ℞. L. PHILIPPVS; statue équestre tenant un rameau; dessous, x (n. 5).
AR. B.

391. Tête diadémée d'Apollon à droite. ℞. C. CENSORI. Cheval libre galopant à droite (n. 6). AR. T. B.

392. Têtes diadémées de Numa Pompilius et d'Ancus Marcius à droite. ℞. C. CENSO. Cavalier avec un bonnet sur la tête, conduisant deux chevaux à droite (n. 7).
AR. T. B.

393. ANCVS. Tête diadémée d'Ancus Marcius à droite. ℞. PHILIPPVS. Statue équestre sur un aqueduc, entre les arches duquel on lit : AQVA. MAR (n. 8). AR. T. B.

394. Tête laurée d'Apollon à droite. ℞. L. CENSOR. Satyre debout derrière lui, une statue sur une colonne (n. 9).
AR. F. D. C.

395. L. CENSORI. Tête diadémée et voilée de Junon Moneta à droite. ℞. C. LIMETA P. CREPVSI. Junon assise de côté dans un bige au galop à droite, dans le champ, III (n. 10). AR. T. B.

396. L. CENSORIN. Même tête. ℞. P. CREPVSI. C. LIMETAN. Junon assise de côté dans un bige au galop à droite; dans le champ, II (n. 11). AR. T. B.

MARIA

397. C. MARI. C. F. CAPIT. XII. Tête de Cérès à droite. ℞. Colon conduisant deux bœufs à gauche; en haut, XII (n. 1). AR. B.

398. CAPIT. XXXV. Tête de Cérès à droite; devant, un petit cheval galopant. ℞. C. MARI. C. F. S. C. Colon conduisant deux bœufs à gauche; au-dessus, XXXV (n. 3).
AR. T. B.

399. CAPIT. XXXVII. Tête de Cérès à droite; devant, une massue. ℞. Même revers, avec le nombre XXXVII (n. 3). AR. B.

400. AVGVSTVS. Tête nue d'Auguste à droite; derrière, le lituus. ℞. C. MARIVS C. F. TRO. III VIR. Quadrige dans lequel est une palme (n. 5). AR. T. B.

MATIA

401. Tête de Pallas à droite. ℞. MAT. ROMA. Les Dioscures à cheval allant à droite (n. 1). AR. B.
402. Tête de Pallas à droite ; derrière, v. ℞. MA. ROMA. Même revers (n. 2). AR. Q. B.

MEMMIA

403. Tête virile jeune à droite, couronnée de chêne ; devant, X. ℞. L. MEMMI. Les Dioscures debout à côté de leurs chevaux (n. 1). AR. B.
404. ROMA. Tête laurée de Saturne à gauche avec une faux. ℞. L. MEMMI. GAL. Vénus dans un bige au pas à droite, couronnée par Cupidon ; dans le champ, v (n. 2). AR. F. D. C.
405. EX S. C. Même tête ; devant, F. ℞. L. C. MEMIES L. F. GAL. Vénus dans un bige au pas à droite, couronnée par Cupidon (n. 3). AR. T. B.
406. C. MEMMI. C. F. Tête de Cérès à droite. ℞. C. MEMMIVS IMPERATOR. Captif attaché au pied d'un trophée (n. 4). AR. T. B.
407. C. MEMMI. C. F. QVIRINVS. Tête laurée de Romulus à droite. ℞. MEMMIVS AED. CERIALIA PREIMVS FECIT. Cérès assise à droite (n. 5). AR. T. B.

MESCINIA

408. Tête laurée d'Auguste à droite. ℞. L. MESCINIVS RVFVS. Mars debout sur un cippe, tenant une haste et un parazonium ; sur le cippe, on lit : S. P. Q. R. V. P. RED. CAES (n. 1). AR. T. B.
409. CAESAR AVGVSTVS TR. POT. Tête laurée d'Auguste à droite. ℞. L. MESCINIVS RVFVS III VIR. Cippe sur lequel on lit : IMP. CAES. AVG. LVD. SAEC. ; dans le champ, XV. S. F (n. 3). AR. T. B.
410. Même tête et même légende. ℞. L. MESCINIVS RVFVS III VIR. Mars casqué debout sur un cippe, tenant une haste et un parazonium ; sur le cippe, on lit : S. P. Q. R. V. S. PRO S. ET RED. AVG (n. 5). AR. B.

METTIA

411. CAESAR IMPER. Tête laurée de Jules César à droite. ℞. M. METTIVS. Vénus debout tenant une Victoire et la haste; derrière elle, un bouclier; à ses pieds, un globe; dans le champ, A (n. 3). AR. T. B.
412. CAESAR IMP. Même tête; derrière, le lituus et le simpulum. ℞. Même type (n. 4). AR. B.

MINATIA

413. CN. MAGN. IMP. Tête nue de Pompée à droite. ℞. M. MINAT. SABI. PR. Q. Pompée fils debout entre une femme tourelée debout et une autre femme tourelée qui a un genou en terre (n. 3). AR. T. B.

MINVCIA

414. RVF. Tête de Pallas à droite. ℞. Q. MINV. ROMA. Les Dioscures à cheval allant à droite (n. 1). AR. F. D. C.
415. Tête de Pallas à droite. ℞. ROMA L. MINVCI. Jupiter dans un quadrige au galop à droite, tenant un foudre et un sceptre (n. 2). AR. B.
416. ROMA. Même tête. ℞. C. AVG. Deux hommes en toge debout; entre eux, une colonne striée, surmontée d'une statue (n. 3). AR. B.
417. Tête de Pallas à droite. ℞. TI. MINVCI. AVGVRINI. ROMA. Même type (n. 4). AR. B.
418. Tête casquée de Pallas à gauche avec une plume et une crinière au casque. ℞. Q. THERM. M. F. Deux soldats combattant, armés de boucliers et d'épées; entre eux, un soldat à terre (n. 5). AR. T. B.

MVCIA

419. KALENI. Tête laurée de l'Honneur et tête casquée de la Vertu accolées à droite; à gauche, HO; à droite, VIRT. ℞. CORDI. Deux femmes debout se donnant la main: à gauche ITAL.; à droite, RO (n. 1). AR. T. B.

MVNATIA

420. C. CAES. DIC. TER. Buste ailé de la Victoire à droite. ℞. L. PLANC. PRAEF. VRB. Præfericulum (n. 2). OR. B.
421. L. PLANCVS IMP. ITER. Foudre ailé, præfericulum et caducée ailé. ℞. M. ANTON. IMP. AVG. III VIR R. P. C. Lituus et præfericulum (n. 5). AR. T. B.

MVSSIDIA

422. Tête de Cérès à droite, couronnée d'épis. ℞. L. MVSSIDIVS LONGVS dans une couronne d'épis (n. 1). OR. B.
423. Buste ailé de la Victoire à droite. ℞. Même légende. Victoire dans un bige au galop à droite (n. 3). AR. T. B.
424. CONCORDIA. Tête diadémée et voilée de la Concorde à droite. ℞. Même légende. Deux mains jointes tenant un caducée (n. 4). AR. T. B.
425. Même tête. ℞. Même légende. Deux figures debout dans l'enceinte des comices, au bas de laquelle on lit : CLOACIN (n. 5). AR. F. D. C.
426. Même médaille, avec une étoile ou un croissant devant la tête. 2 variétés. AR. F. D. C.
427. Tête radiée du Soleil de face. ℞. Même légende et même type, au bas : CLOAC (n. 6). AR. T. B.
428. Tête laurée de Jules César à droite. ℞. Même légende. Gouvernail, globe, corne d'abondance, caducée ailé et bonnet de flamine (n. 7). AR. T. B.

NAEVIA

429. Tête diadémée de Vénus à droite; derrière, S. C. ℞. C. NAE. BALB. Victoire dans un trige à droite; dans le champ, XVI (n. 1). AR. F. D. C.

NASIDIA

430. NEPTVNI. Tête nue de Pompée à droite; devant, un trident; dessous, un dauphin. ℞. Q. NASIDIVS. Galère à la voile, avec des rameurs; dans le champ, une étoile (n. 1). AR. T. B.

NERIA

431. NERI. Q. VRB. Tête de Saturne à droite; derrière, la harpa. ℞. L. LENT. C. MARC. COS. Aigle légionnaire entre deux enseignes militaires; sur l'une, H; sur l'autre, P (n. 1). AR. T. B.

NONIA

432. SVFENAS S. C. Tête de Saturne à droite. ℞. SEX. NONI. PR. L. V. P. F. Rome casquée assise sur des boucliers, une Victoire qui la couronne (n. 1). AR. T. B.

NORBANA

433. C. NORBANVS. Tête diadémée de Vénus à droite; derrière, le nombre XIIII. ℞. Proue de vaisseau, hache avec faisceau, caducée et épi (n. 2). AR. F. D. C.
434. Même tête, avec le nombre CLVIIII ou XXXXV. ℞. Épi, hache avec faisceau et caducée (n. 3).
AR. F. D. C. 2 variétés.

NUMONIA

435. C. NVMONIVS VAALA. Tête nue de Numonius Vaala à droite. ℞. VAALA. Soldat attaquant un retranchement défendu par deux autres soldats (n. 2). AR. T. B.

OGVLNIA

436. Tête laurée de Jupiter jeune à droite; dessous, un foudre. ℞. OGVL. CAR. VER. Jupiter dans un quadrige au galop à droite lançant la foudre; dans le champ, o (n. 1). AR. F. D. C.

OPEIMIA

437. Tête de Pallas à droite. ℞. L. OPEIMI. ROMA. Victoire dans un quadrige au galop à droite, tenant une couronne (n. 1). AR. T. B.

438. Même tête, avec un trépied dans le champ. ℞. M. OPEIMI. ROMA. Apollon dans un bige au galop à droite, tendant un arc et lançant une flèche (n. 2). AR. T. B.

PAPIA

439. Tête de Junon Sospita; à droite. ℞. L. PAPI. Griffon courant à droite (n. 1). AR. F. D. C.
440. La même médaille, 3 variétés de petits types. AR. T. B.
441. Même tête. ℞. L. PAPIVS CELSVS III VIR. Louve tenant dans sa gueule un bâton enflammé, et mettant le feu à un amas de bois placé devant un aigle qui attise le feu en battant des ailes (n. 2). AR. F. D. C.
442. TRIVMPVS. Tête laurée du Triomphe à droite; derrière, un trophée. ℞. Même revers (n. 3). AR. B.

PAPIRIA

443. Tête de Pallas à droite. ℞. CARB. ROMA. Jupiter dans un quadrige au galop à droite, lançant la foudre (n. 2). AR. B.

PEDANIA

444. COSTA LEG. Tête laurée de femme à droite. ℞. BRVTVS IMP. Trophée avec un bouclier et deux javelots (n. 1). AR. F. D. C.

PETILLIA

445. CAPITOLINVS. Tête laurée de Jupiter à droite. ℞. PETILLIVS. Temple à six colonnes (n. 1). AR. T. B.
446. PETILLIVS CAPITOLINVS. Aigle éployé sur un foudre. ℞. Temple à six colonnes, orné de figures (n. 2). AR. T. B.
447. La même pièce avec les lettres S à gauche du temple, et F à droite. AR. T. B.

PETRONIA

448. TVRPILIANVS III VIR FERON. Tête tourelée de la déesse Féronia à droite. ℞. CAESAR AVGVSTVS SIGN. RECE.

Parthe à genoux présentant une enseigne militaire.
(n. 4). AR. F. D. C.
449. TVRPILIANVS III VIR. Tête de Bacchus à droite couronnée de lierre. ℞. Même revers (n. 5). AR. T. B.
450. TVRPILIANVS III VIR FERO. Tête tourelée de la déesse Féronia à droite. ℞. AVGVSTVS. Couronne de chêne, dans laquelle on lit : o. c. s.; de chaque côté, une branche de laurier (variété du n. 8, lequel n'a pas de branche de laurier). OR. T. B.
451. CAESAR AVGVSTVS. Tête nue d'Auguste à droite. ℞. P. PETRON. TVRPILIAN. III VIR. Pégase marchant à droite (n. 15). AR. B.
452. Même tête et même légende. ℞. TVRPILIANVS III VIR. Tarpeia écrasée par des boucliers et levant les mains au ciel (n. 17). AR. T. B.
453. Même tête et même légende. ℞. Même légende. Astre sur un croissant (n. 18). AR. T. B.

PINARIA

454. Tête de Pallas à droite. ℞. NATTA ROMA. Victoire dans un bige au galop à droite, tenant un fouet (n. 1). AR. B.
455. Même tête. NAT. ROMA. ℞. Même type (n. 2). AR. T. B.
456. M. ANTO. COS. III IMP. IIII. Tête de Jupiter Ammon à droite. ℞. ANTONIO AVG. SCARPVS IMP. Victoire à droite, tenant une palme et une couronne (n. 3). AR. T. B.
457. IMP. CAESARI SCARPVS IMP. Main ouverte. ℞. DIVI F. AVG. PONT. Victoire debout à droite, sur un globe, tenant une couronne (n. 7). AR. T. B.

PLAETORIA

458. MONETA. Tête diadémée de Junon Moneta à droite; devant, s. c. ℞. L. PLAETORI. L. F. Q. s. c. Athlète nu courant, portant une palme et un ceste dénoué (n. 1). AR. B.
459. Tête de Junon à droite; derrière, un lézard. ℞. Même revers (n. 2). AR. T. B.
460. Tête nue d'Apollon ou de Jupiter jeune à droite; der-

rière, une palme. ℞. M. PLAETORI. CEST. EX S. C. Caducée ailé (n. 3). AR. T. B.

461. Tête de Junon à droite; derrière, un vase. ℞. Même légende. Præfericulum et torche (n. 4). AR. T.B.

462. Tête de Sybille à gauche; derrière un symbole. ℞. M. PLAETORI. CEST. S. C. Fronton du temple de Préneste, sur lequel on voit un géant (n. 6). AR. B.

463. Tête de femme à droite coiffée en cheveux. ℞. Même légende. Buste d'un jeune homme de face sur une base, sur laquelle on lit SORS (n. 7). AR. T. B.

464. CESTIANVS. Tête tourelée de Cybèle à droite. ℞. M. PLAETORIVS AED. CVR. EX S. C. Chaise curule; dans le champ, une hure de sanglier et le fer d'une lance. (n. 8). AR. F. D. C.

465. CESTIANVS. Buste casqué de femme à droite, portant un arc et un carquois; devant S. C. et une corne d'abondance. ℞. M. PLAETORIVS M. F. AED. CVR. Aigle éployé sur un foudre (n. 9). AR. F. D. C.

466. L. PLAET. CEST. Tête de femme à droite, voilée et laurée, avec un modius sur la tête. ℞. BRVT. IMP. Simpulum et hache (n. 10). AR. F. D. C.

PLANCIA

467. CN. PLANCIVS AED. CVR. S. C. Tête de Diane Plancienne à droite. ℞. Chèvre debout à droite; derrière elle, un carquois et un arc (n. 1). AR. T. B.

PLAVTIA

468. Tête de Pallas à droite. ℞. ROMA. Les Dioscures à cheval allant à droite; en haut, L. PL. H. (n. 2). AR. T. B.

469. Même tête ℞. C. PLVTI. ROMA. Les Dioscures à cheval allant à droite (n. 3). AR. T. B.

470. P. YPSAE. S. C. Tête de Neptune à droite; derrière, un trident. ℞. C. YPSAE. COS. PRIV. CEPIT. Jupiter dans un quadrige au galop à gauche (n. 4). AR. F. D. C.

471. P. YPSAE. S. C. Tête diadémée d'Amphitrite à droite; derrière, un dauphin. ℞. Même revers (n. 5). AR. T. B.

472. A. PLAVTIVS AED. CVR. Tête tourelée de Cybèle à droite.

℞. BACCHIVS IVDAEVS. Bacchius à genoux tenant un chameau par le frein et présentant une branche d'olivier (n. 6). AR. B.

473. L. PLAVTIVS. Masque de face, les cheveux épars. ℞. PLANCVS. L'Aurore volant dans les airs et conduisant les quatre chevaux du Soleil (n. 7). AR. T. B. 2 variétés.

POBLICIA

474. C. MALLE C. F. Tête de Pallas à droite. ℞. L. LIC. CN. DOM. Mars nu debout dans un bige au galop à droite (n. 1). AR. B.

475. Tête de Pallas à droite; en haut, un marteau. ℞. C. MAL. Homme nu, tenant une lance et appuyant le pied sur une armure; devant lui, un trophée; derrière, une proue de navire (n. 2). AR. B.

476. Même tête. ℞. Même homme derrière lui une tablette sur laquelle on lit : C. MAL. Q. (n. 4). AR. T. B.

477. Tête laurée d'Apollon à droite. ℞. C. MALL. ROMA. Victoire debout couronnant une figure assise sur des boucliers (n. 5). AR. F. D. C.

478. ROMA. Tête de Pallas à droite, avec le casque orné de deux plumes; en haut, N. ℞. C. POBLICI. Q. F. Hercule étouffant un lion (n. 7). AR. T. B.

479. M. POBLICI. LEG. PRO. PR. Tête de Pallas à droite, avec un casque à crinière. ℞. CN. MAGNVS IMP. Pompée debout, le pied appuyé sur une proue de vaisseau, présentant une palme à une femme qui porte un bouclier et deux hastes (n. 8). AR. T. B.

POMPEIA

480. Tête de Pallas à droite. ℞. SEX. PO. FOSTLVS ROMA. Romulus et Rémus allaités par une louve; derrière, le berger Faustulus debout (n. 1). AR. T. B.

481. SEX. MAGN. IMP. SAL. Tête nue de Pompée à droite. ℞. PIETAS. Femme debout tenant un rameau et une haste posée transversalement (n. 3). AR. T. B.

482. MAG. PIVS IMP. ITER. Tête de Neptune à droite, avec un

trident. ℞. PRAEF. CLASS. ET ORAE MARIT. EX. S. C. Trophée naval (n. 5). AR. F. D. C.

483. Même légende. Le phare de Messine sur une galère qui porte une aigle romaine; sur le phare, la statue de Neptune avec un trident; en avant de la proue, un trident. ℞. Même légende. Le monstre Sylla, dont le corps est terminé par deux queues de poisson et en dessous par trois chiens, tient un gouvernail avec lequel il va porter un coup (avers du n. 7, revers du n. 6). AR. T. B.

484. Même légende. Tête nue de Pompée à droite, entre le lituus et le præfericulum. ℞. Même légende. Anapus et Anphinomus portant leurs pères sur leurs épaules; entre eux, Neptune, debout (n. 8). AR. T. B.

485. Même légende. Tête nue de Sextus Pompée à droite; le tout dans une couronne de chêne. ℞. Même légende. Têtes nues de Pompée le Grand et de Cnaeus Pompée fils en regard; à gauche, le lituus; à droite, un trépied (n. 10). OR. B.

POMPONIA

486. L. POMPONI. CN. F. Tête de Pallas à droite. ℞. L. LIC. CN. DOM. Mars nu dans un bige au galop à droite, tenant un bouclier et une trompette gauloise et lançant un javelot (n. 1). AR. T. B.

487. L. POMPON. MOLO. Tête laurée d'Apollon à droite. ℞. NVMA POMPIL. Numa debout près d'un autel allumé, tenant le lituus; devant un victimaire qui amène une chèvre (n. 2). AR. T. B.

488. RVFVS. Tête laurée de Jupiter à droite; derrière, s. c. ℞. Q. POMPONI. Aigle sur un sceptre, tenant une couronne dans ses serres (n. 3). AR. T. B.

489. Q. POMPONI. MVSA. Tête diadémée d'Apollon à droite. ℞. HERCVLES MVSARVM. Hercule Musagète debout, nu, jouant de la lyre (n. 4). AR. T. B.

490. Tête laurée de Muse à droite; derrière, une clef. ℞. Q. POMPON. MVSA. Calliope debout à droite, jouant de la lyre et appuyée sur une colonne (n. 5). AR. T. B.

491. Tête laurée de Muse à droite; derrière, un livre. ℞.

Même légende. Clio debout à gauche tenant un livre et appuyée sur une colonne (n. 6). AR. T. B.

492. Tête laurée de Muse à droite; derrière, deux flûtes en sautoir. ℞. Même légende. Euterpe debout à droite, tenant deux flûtes et appuyée sur une colonne (n. 8). AR. T. B.

493. Tête laurée de Muse à droite; derrière, un sceptre. ℞. Même légende. Melpomène debout de face tenant une massue et un masque (n. 9). AR. B.

494. Tête laurée de Muse à droite; derrière, une couronne ℞. Même légende. Polymnie debout de face, couronnée et enveloppée dans son manteau (n. 10). AR. B.

495. Tête laurée de Muse à droite; derrière, le plectrum. ℞. Même légende. Terpsychore debout à droite, jouant de la lyre et tenant le plectrum (n. 11). AR. B.

496. Tête laurée de Muse à droite; derrière, une tortue. ℞. Même revers (n. 12). AR. B.

497. Tête laurée de Muse à droite; derrière, un brodequin. ℞. Même légende. Thalie debout à gauche tenant un masque et appuyée sur une colonne (n. 13). AR. T. B.

498. Tête laurée de Muse à droite; derrière, une étoile. ℞. Même légende. Uranie debout à gauche, plaçant un globe sur un trépied à l'aide d'une baguette (n. 15). AR. T. B.

PORCIA

499. L. PORCI. LICI. Tête de Pallas à droite. ℞. L. LIC. CN. DOM. Mars nu dans un bige au galop à droite (n. 1). AR. T. B.

500. LAECA. Même tête. ℞. M. PORC. ROMA. La Liberté dans un quadrige à droite, couronnée par une Victoire (n. 2). AR. T.B.

501. P. LAECA ROMA. Même tête. ℞. PROVOCO. Homme debout, la main droite sur la tête d'un citoyen; à côté un licteur debout avec des verges (n. 3). AR. T. B.

502. Tête de Pallas à droite. ℞. C. CATO ROMA. Victoire dans un bige au galop à droite (n. 4). AR. T. B.

503. M. CATO. Tête de Bacchus à droite. ℞. VICTRIX. Victoire

assise à droite, tenant une palme et une patère (n. 5).
AR. Q. F. D. C.
504. M. CATO ROMA. Tête de la Liberté à droite. ℞. VICTRIX. Victoire assise à droite, tenant une palme et une patère; sous la chaise, S. T. (n. 6). AR. F. D. C.
505. La même, sans lettre sous la chaise. AR. B.
506. M. CATO PRO. PR. ROMA. Tête de la Liberté à droite. ℞. VICTRIX. Victoire assise à droite, tenant une palme et une couronne (n. 9). AR. T. B.

POSTVMIA

507. Tête de Pallas à droite; derrière l'apex. ℞. L. POST. ALB. BOMA. Mars dans un quadrige au galop à droite (n. 1). AR. F. D. C.
508 ROMA. Buste de Diane à droite. ℞. A. ALBINVS S. F. Trois soldats à cheval poursuivant un fuyard (n. 2).
AR. T. B.
509. Tête laurée d'Apollon à droite; dessous, ROMA; derrière, une étoile; devant, X. ℞. A. ALBINVS S. F. Les Dioscures debout tenant leur haste et faisant abreuver leurs chevaux (n. 3). AR. T. B.
510. Buste de Diane à droite; au-dessus, une tête de bœuf. ℞. A. POST. A. F. S. N. ALBIN. Sacrificateur sur une montagne, étendant une branche sur un taureau; entre eux, un autel allumé (n. 5). AR. B.
511. HISPAN. Tête voilée de femme à droite. ℞. Même légende. Homme en toge, debout, levant la main droite vers une aigle romaine; derrière, des faisceaux avec une hache (n. 6). AR. B.
512. Tête de Diane à droite. ℞. C. POSTVMI AT. Chien courant; dessous, une lance (n. 7). AR. T. B.
513. PIETAS. Tête nue de la Piété à droite. ℞. ALBINVS BRVTI F. Deux mains tenant un caducée ailé (n. 8). AR. T. B.
514. Tête casquée de Mars à droite. ℞. Même légende. Deux trompettes gauloises en sautoir et deux boucliers (n. 9). AR. F. D. C.
515. A. POSTVMIVS COS. Tête d'Aulus Postumius Albus Regillensis à droite. ℞. ALBINVS BRVTI F. dans une couronne d'épis (n. 10). AR. F. D. C.

PROCILIA

516. s. c. Tête laurée de Jupiter à droite. ℞. L. PROCILI. F. Junon Sospita menaçant, debout, armée d'un bouclier; à ses pieds, un serpent (n. 1). AR. F. D. C.
517. s. c. Tête de Junon Sospita à droite. ℞. Même légende. Même Junon dans un bige au galop à droite (n. 2). AR. F. D. C.

QVINCTIA

518. Tête de Pallas à droite; derrière, l'apex. ℞. T. Q. ROMA. Les Dioscures à cheval allant à droite; dessous, un bouclier macédonien (n. 2). AR. T. B.
519. Buste d'Hercule à gauche, avec la peau de lion et une massue. ℞. TI. Q. Cavalier conduisant deux chevaux; dessous, un rat; à l'exergue, en lettres incuses, D. S. (n. 4). AR. B.

RENIA

520. Tête de Pallas à droite. ℞. C. RENI. ROMA. Junon Moneta? dans un bige de chèvres à droite, tenant un sceptre et un fouet (n. 1). AR. T. B.

ROSCIA

521. L. ROSCI. Tête de Junon Sospita à droite; derrière un vase à anse. ℞. FABATI. Jeune fille donnant à manger à un serpent; derrière, un nautile (n. 1). AR. F. D. C.
522. Trois variétés de la même pièce avec symboles. AR. T. B.

RVBRIA

523. DOS. Tête diadémée et voilée de Junon à droite; derrière, un sceptre. ℞. L. RVBRI. Char à droite tiré par quatre chevaux; en haut, une Victoire volant; sur le char, un paon (n. 2)? AR. B.
524. DOS. Buste casqué de Pallas à droite avec l'égide. ℞. L. RVBRI. Même char; en haut, un petit quadrige (n. 3). AR. F. D. C.

525. DOSSEN. Tête laurée de Neptune à droite. ℞. L. RVBRI. Victoire passant, tenant une longue palme et une couronne (n. 4). AR. Q. F. D. C.

RVSTIA

526. Tête casquée de Mars à droite; derrière, s. c.; devant, x. ℞. L. RVSTI. Bélier (n. 1). AR. F. D. C.
527. Q. RVSTIVS FORTVNAE ANTIAT. Deux bustes de femmes accolés à droite, sur une base. ℞. CAESARI AVGVSTO. Autel sur lequel on lit FOR. RE; à l'exergue, EX S. C. (n. 2). AR. B.

RVTILIA

528. FLAC. Tête de Pallas à droite. ℞. L. RVTILI. Victoire dans un bige au galop à droite, tenant une couronne. (n. 1). AR. T. B.

SALVIA

529. C. CAESAR III VIR R. P. C. Tête nue d'Octave à droite. ℞. Q. SALVIVS IMP. COS. DES. Foudre ailé (n. 1). AR. T. B.

SANQVINIA

530. M. SANQVINIVS III VIR. Tête laurée de Jules César à droite; en haut, une comète. ℞. AVGVST. DIVI F. Tête nue d'Auguste à droite (n. 1). AR. T. B.
531. Même tête jeune laurée. ℞. AVGVST. DIVI F. LVDOS SAEC. Prêtre salien debout, tenant un caducée ailé et un bouclier rond (n. 2). AR. F. D. C.

SATRIENA

532. Tête casquée de Mars à droite; derrière, XIIX. ℞. P. SATRIENVS. Louve marchant; au-dessus, ROMA (n. 1). AR. T. B.

SAVFEIA

533. Tête de Pallas à droite. ℞. L. SAVF. ROMA. Victoire dans un bige au galop à droite, tenant un fouet (n. 1). AR. F. D. C.

SCRIBONIA

534. Tête de Pallas à droite. ℞. c. scr. roma. Les Dioscures à cheval allant à droite (n. 1). AR. F. D. C.
535. bon. event. libo. Tête diadémée de Bonus Eventus. ℞. pvteal scribon. Margelle de puits (n. 2). AR. T. B.

SEMPRONIA

536. pitio. Tête de Pallas à droite. ℞. l. semp. roma. Les Dioscures à cheval allant à droite (n. 2). AR. T. B.
537. Tête laurée de Jules César à droite. ℞. ti. sempronivs graccvs q. desig. Enseigne militaire, aigle, charrue et sceptre; dans le champ, s. c. (n. 3). AR. T. B.

SENTIA

538. arg. pvb. Tête de Pallas à droite. ℞. l. senti. s. c. f. Jupiter dans un quadrige au galop à droite, dans le champ, h ou s 2 variétés (n. 1). AR. F. D. C.

SEPVLLIA

539. Tête de Mercure à droite, avec le caducée. ℞. p. sepvllivs. Caducée ailé (n. 3). AR. *sesterce*. B.
540. caesar imp. Tête laurée de Jules César à droite; derrière, une étoile. ℞. p. sepvllivs macer. Vénus debout à gauche, tenant une Victoire et la haste pure, au bas de laquelle est une étoile (n. 4). AR. T. B.
541. caesar dict. perpetvo. Tête laurée de Jules César à droite. ℞. Même légende. Même Vénus, un bouclier au lieu d'étoile (n. 7). AR. T. B.
542. Même légende. Tête laurée et voilée de Jules César à droite. ℞. Même revers (n. 8). AR. T. B.
543. Tête voilée de Marc-Antoine à droite, entre le præfericulum et le lituus. ℞. Même légende. Cavalier en course à droite, avec un bonnet, conduisant deux chevaux et tenant un fouet (n. 11). AR. F. D. C.

SERGIA

544. ROMA. EX S. C. Tête de Pallas à droite. ℞. M. SERGI. SILVS. Cavalier en course à gauche, tenant par les cheveux une tête coupée (n. 1). AR. T. B.

SERVILIA

545. ROMA. Tête de Pallas à droite, derrière, le lituus. ℞. C. SERVEIL. Deux soldats à cheval combattant (n. 1). AR. T. B.
546. ROMA. Tête laurée de la Liberté à droite; derrière le lituus et B; devant, X. ℞. Même revers (n. 2). AR. F. D. C.
547. ROMA. Tête de Pallas à droite; derrière, une couronne et X. ℞. C. SERVEILI. M. F. Les Dioscures à cheval allant en sens contraire (n. 3). AR. T. B.
548. Tête de Pallas à droite. ℞. M. SERVEILI. C. F. Deux soldats combattant à l'épée et ayant à côté d'eux leurs chevaux. Deux pièces variées de lettres (n. 4). AR. T. B.
549. FLORAL. PRIMVS. Tête de Flore à droite; derrière, le lituus. ℞. C. SERVEIL. C. F. Deux soldats debout, armés chacun d'un bouclier et se présentant leurs épées (n. 5). AR. F. D. C.
550. RVLLI Buste casqué de Pallas à gauche. ℞. P. SERVILI. M. F. Victoire dans un bige au galop à droite (n. 6). AR. T. B.
551. LEIBERTAS. Tête nue de la Liberté à droite. ℞. CAEPIO BRVTVS PRO. COS. Lyre entre le plectrum et un rameau (n. 7). AR. T. B.
552. CASCA LONGVS. Tête laurée de Neptune à droite; dessous, un trident. ℞. BRVTVS IMP. Victoire marchant sur un sceptre brisé, tenant une palme et déchirant un diadème (n. 10). AR. T. B.

SESTIA

553. L. SESTI. PRO. Q. Tête voilée de la Liberté à droite. ℞.

Q. CAEPIO BRVTVS PRO. COS. Trépied entre une hache et le simpulum (n. 1). AR. B.

554. Même légende. Chaise curule avec une haste; dessous, le modius. ℞. Même légende. Trépied entre le simpulum et l'apex (n. 3). AR. T. B.

SICINIA

555. FORT. P. R. Tête diadémée de la Fortune à droite. ℞. Q. SICINIVS III VIR. Palme ornée de rubans et caducée en sautoir; en haut une couronne (n. 1). AR. F. D. C.

SILIA

556. Buste casqué et armé de Pallas à gauche. ℞. P. NERVA. L'enceinte des comices, dans laquelle une figure présente une tablette à une autre, une troisième jette une tablette dans un panier (n. 1). AR. T. B.

SPVRILIA

557. Tête de Pallas à droite. ℞. A. SPVRI. ROMA. Diane dans un bige au galop à droite, tenant une baguette (n. 1). AR. T. B.

SVLPICIA

558. D. P. P. Têtes accolées des dieux Pénates laurées à gauche. ℞. C. SVLPICI. C. F. Deux soldats debout tenant chacun une haste; entre eux, une truie et ses petits (n. 1). AR. B.

559. S. C. Tête voilée de Vesta à droite. ℞. P. GALB. AE. CVR. Simpulum entre une hache et un couteau de sacrificateur (n. 2). AR. T. B.

560. SER. SVLP. Tête laurée d'Apollon? à droite. ℞. Deux figures debout, l'une vêtue de la toge et l'autre nue les bras liés derrière le dos; entre elles, un trophée naval (n. 3). AR. B.

561. L. SERVIVS RVFVS. Tête nue de Servius Sulpicius Rufus à droite. ℞. Les Dioscures debout, nus, casqués, armés du parazonium et de la haste (n. 5). AR. B.

562. CAESAR AVGVSTVS. Tête nue d'Auguste à droite. ℞. C. SVLPICIVS PLATORIN. Auguste et Agrippa assis; sous leurs pieds, une estrade avec trois proues de navire (n. 6). AR. F. D. C.

TARQVITIA

563. C. ANNIVS T. F. T. N. PRO. COS. EX S. C. Tête de Junon Moneta? à droite. ℞. C. TARQVITI. P. F. Victoire dans un bige au galop à droite (n. 1). AR. T. B.

TERENTIA

564. Tête de Pallas à droite; derrière, une petite Victoire qui la couronne. ℞. C. TER. LVC. ROMA. Les Dioscures à cheval allant à droite (n. 4). AR. F. D. C.
565. VARRO PRO. Q. Buste diadémé à droite de Jupiter Terminalis ou de Numa en Terme. ℞. MAGN. PRO. COS. Sceptre entre un dauphin et un aigle (n. 6). AR. T. B.

THORIA

566. I. S. M. R. Tête de Junon Sospita à droite. ℞. L. THORIVS. BALBVS. Taureau furieux courant (n. 1). AR. B.

TITIA

567. Tête barbue à droite, avec un diadème ailé. ℞. Q. TITI. Pégase (n. 1). AR. T. B.
568. Tête de Bacchante à droite, couronnée de lierre. ℞. Même revers (n. 2). AR. B.
569. Buste ailé de la Victoire à droite. ℞. Même revers (n. 3). AR. Q. B.

TITVRIA

570. Tête nue de Tatius à droite. ℞. L. TITVRI. Victoire dans un bige au galop à droite (n. 1). AR. T. B.
571. SABIN. Tête nue de Tatius à droite; devant TA. ℞. Même légende. Deux soldats romains enlevant deux Sabines (n. 2). AR. F. D. C.

572. Même tête; devant, une palme. ℞. Même légende. Tarpeia à moitié écrasée par des boucliers, à genoux entre deux soldats (n. 5). AR. T. B.

TREBANIA

573. Tête de Pallas à droite. ℞. L. TREBANI. ROMA. Jupiter dans un quadrige au galop à droite (n. 1). AR. T. B.

TVLLIA

574. ROMA. Tête de Pallas à droite. ℞. M. TVLLI. Victoire dans un quadrige au galop à droite (n. 1). AR. B.

VRBINIA

575. Tête de Pallas à droite. ℞. T. MANL. AP. CL. Q. VR. Victoire dans un trige à droite (n. 1). AR. T. B.
576. Même tête. ℞. AP. CL. T. MANL. Q. VR. Victoire dans un trige à droite (n. 2). AR. T. B.

VALERIA

577. Tête de Pallas à droite. ℞. C. VAL. C. F. FLAC. ROMA. Victoire dans un bige au galop à droite, tenant un fouet (n. 1). AR. B.
578. Buste ailé de la Victoire à droite; devant, x. ℞. L. VALERI. FLACCI. Mars debout, tenant une épée et un trophée; à gauche, l'apex; à droite, un épi (n. 3). AR. B.
579. Même buste; derrière, un trépied. ℞. C. VAL. FLA. IMPERAT. Aigle entre deux enseignes militaires : dans le champ. EX. S. C. (n. 4). AR. B.
580. MESSAL. F. Buste casqué de Mars jeune à droite. ℞. PATRE. COS. Chaise curule; dessous, un diadème autour d'un sceptre; dans le champ, s. c. (n. 5).
AR. F. D. C.
581. ACISCVLVS. Tête radiée d'Apollon à droite; derrière, un marteau. ℞. L. VALERIVS. Diane dans un bige au galop à droite, tenant un fouet (n. 6). AR. T. B.
582. ACISCVLVS. Même légende et même tête diadémée. ℞.

Même légende. Europe sur un taureau, tenant une écharpe (n. 7). AR. T. B.
583. Même légende et même tête. ℞. Même légende. Oiseau à tête de femme casquée, armé de deux lances et d'un bouclier (n. 11). AR. T. B.

VARGVNTEIA

584. M. VARG. Tête de Pallas à droite. ℞. ROMA. Jupiter dans un quadrige à droite, tenant une palme et un foudre. (n. 1). AR. B.

VERGILIA

585. Tête laurée de Jupiter à droite; dessous, un foudre. ℞. VER. GAR. OGVL. Jupiter dans un quadrige au galop à droite, lançant la foudre; au-dessus, s. AR. F. D. C.

VETTIA

586. Tête laurée de Jupiter à droite; derrière, o. ℞. P. SABIN. Victoire couronnant un trophée; dans le champ, o. (n. 1). AR. B.
587. SABINVS. Tête nue de Tatius à droite; devant, TA; à droite, s. c. ℞. T. VETTIVS IVDEX. Homme en toge dans un bige au pas à gauche, tenant un sceptre; derrière, un épi (n. 2). AR. T. B.

VETVRIA

588. TI. VET. Buste de Mars à droite. ℞. ROMA. Deux soldats debout, armés chacun d'une haste et d'un parazonium, touchant avec une baguette une truie que soutient un homme à genoux (n. 1). AR. T. B.

VIBIA

589. Tête laurée de Jupiter à droite. ℞. Victoire couronnant un trophée; dans le champ, VIB. en monogramme; à l'exergue, ROMA (n. 1). AR. T. B.
590. PANSA. Tête laurée d'Apollon à droite. ℞. Pallas dans

un quadrige au galop à droite, portant un trophée (n. 4). AR. F. D. C.

591. PANSA. Même Pallas. ℞. C. VIBIVS C. F. Même Pallas (n. 6). AR. B.

592. PANSA. Tête laurée d'Apollon à droite; devant, une fleur. ℞. Même légende. Cérès marchant, tenant deux torches et précédée d'une truie (n. 7). AR. B.

593. Même tête et même légende. ℞. Même revers, mais le tout entouré d'une couronne de laurier (n. 8). AR. B.

594. PANSA. Masque de Silène à droite. ℞. Même légende. Masque de Pan à droite; devant, un symbole (n. 9). AR. B.

595. PANSA. Tête de bacchante à droite. ℞. C. VIBIVS. C. F. C. N. Cérès couronnée d'épis et tenant deux torches; devant, un soc de charrue (n. 11). AR. F. D. C.

596. Même tête et même légende. ℞. Même légende. Cérès dans un bige de serpents, tenant une torche (n. 12). AR. T. B.

597. La même, avec la légende du revers disposée différemment. AR. T. B.

598. PANSA. Masque de Pan à droite. ℞. C. VIBIVS C. F. C. N. IOVIS AXVR. Jupiter Axur assis à gauche, la tête radiée, tenant une patère et une haste (n. 13).
AR. F. D. C. (2 variétés).

599. LIBERTATIS. Tête laurée de la Liberté à droite. ℞. C. PANSA. C. F. C. N. Rome assise sur des boucliers, une Victoire la couronne (n. 15). AR. B.

600. C. PANSA. Masque de Pan à droite. ℞. ALBINVS BRVTI F. Deux mains serrées tenant un caducée ailé (n. 16). AR. B.

601. Tête laurée d'Hercule à droite. ℞. C. VIBIVS VARVS. Pallas debout, tenant une haste et une Victoire (n. 17). AR. T. B.

602. Tête de bacchante à droite. ℞. Même légende. Panthère montant sur un autel sur lequel sont un masque de Pan et un thyrse (n. 18). AR. T. B.

603. Buste de Pallas à droite, avec l'égide. ℞. Même légende. Hercule nu, debout, tenant une massue et la peau du lion de Némée (n. 20). AR. B.

604. Tête laurée de Vénus à droite. ℞. Même légende. Vénus

à moitié nue, debout près d'une colonne, se regardant dans un miroir qu'elle tient à la main (n. 21). OR. B.

605. Tête nue et barbue de Marc-Antoine à droite. ℞. Même légende. Vénus debout, tenant une corne d'abondance et une Victoire (n. 22). AR. T. B.

VINICIA

606. CONCORDIAE. Tête laurée de la Concorde à droite. ℞. L. VINICI. Victoire volant, tenant une longue palme à laquelle sont attachées quatre couronnes (n. 1).
AR. T. B.

607. Tête nue d'Auguste à droite. ℞. L. VINICIVS. Arc de triomphe orné de statues et d'un quadrige; sur le fronton, on lit : S. P. Q. R. IMP. CAE. (n. 2). AR. B.

608. AVGVSTVS TR. POT. VIII. Tête nue d'Auguste à droite. ℞. L. VINICIVS L. F. III VIR. Cippe sur lequel on lit : S. P. Q. R. IMP. CAE. QVOD. V. M. S. EX EA P. Q. IS. AD. A. DE. (n. 4). AR. B.

609. S. P. Q. R. IMP. CAES. sur le piédestal d'une statue équestre, placée devant les murs d'une ville. ℞. Même revers (n. 5). AR. B.

VIPSANIA

610. DIVOS IVLIVS DIVI F. Tête laurée de Jules César et tête nue d'Octave en regard. ℞. M. AGRIPPA COS. DESIG. dans le champ (n. 1). AR. T. B.

611. IMP. CAESAR DIVI IVLI F. Tête nue d'Octave à droite. ℞. Même revers (n. 3). AR. T. B.

VOCONIA

612. Tête laurée de Jules César à droite. ℞. Q. VOCONIVS VITVLVS Q. DESIGN. Veau marchant; dans le champ, S. C. (n. 1). AR. B.

613. DIVI IVLI. Tête laurée de Jules César à droite; derrière, le lituus. ℞. Q. VOCONIVS VITVLVS. Veau marchant n. 2). AR. T. B.

VOLTEIA

614. Tête laurée de Jupiter à droite. ℞. M. VOLTEI M. F. Temple à quatre colonnes (n. 1). AR. T. B.

615. Buste de Pallas à droite. ℞. Même légende. Cybèle dans un bige de lions; dans le champ, O.L (n. 2).
AR. B. 2 variétés.

616. Tête de bacchante à droite. ℞. Même légende. Cérès dans un bige de serpents, tenant deux torches (n. 3).
AR. T. B.

617. Tête imberbe d'Hercule à droite, revêtue de la peau de lion. ℞. Même légende. Le sanglier d'Érymanthe (n. 4). AR. T. B.

618. Tête laurée de Jupiter à droite; derrière, H. ℞. I. VOL.? L. F. STRAB. Europe sur un taureau courant à gauche, tenant une écharpe; à droite, un foudre; dessous, une feuille de lierre (n. 6). AR. B.

MÉDAILLES CONSULAIRES INCERTAINES

619. Tête de Pallas à droite avec le casque ailé; derrière, x. ℞. ROMA en lettres incuses. Les Dioscures à cheval allant à droite (n. 1). AR. B.

620. Même tête. ℞. Même type; Sous les chevaux, une étoile; à l'exergue, ROMA en relief (n. 2).
AR. F. D. C. 5 variétés.

621. Même tête derrière, v. ℞. ROMA. Même type (n. 4).
AR. Q. T. B. 2 variétés.

622. Même tête derrière, IIS. ℞. ROMA. Même type (n. 6).
AR. B. et F. D. C. Sesterce. 2 variétés.

623. Même tête derrière, x. ℞. ROMA. Diane dans un bige au galop à droite, tenant une baguette; sous le bige, une écrevisse (n. 8). AR. B.

624. Même tête. ℞. ROMA. Diane dans un bige à droite, tenant un fouet; sous le bige, TOD. avec un oiseau sur le T (n. 9). AR. famille Todilia?

625. Même tête. ℞. ROMA. Diane dans un bige de cerfs à droite, tenant une torche; dessous, un croissant (n. 10). AR. B.

626. Même tête. ℞. ROMA. Victoire dans un bige au galop à droite, tenant une baguette (n. 11). AR. F. D. C.

627. Tête de Pallas à droite avec un casque ailé à crinière; derrière, x. ℞. Rome assise sur des boucliers, tenant

une haste; de chaque côté, une colombe volant; à ses pieds, la louve allaitant Romulus et Rémus (n. 14).
AR. T. B.

628. Tête de Pallas à droite. ℞. ROMA. Les Dioscures allant à droite; en haut, un marteau et un apex (n. 3).
AR. B. famille Poblicia ou Sempronia?

629. Même tête. ℞. ROMA. Mêmes Dioscures (n. 2).
AR. B. 3 variétés.

630. Tête laurée de Jupiter à droite. ℞. ROMA. Victoire couronnant un trophée (n. 15).
AR. Q. T. B. et F. D. C. 3 variétés.

631. Tête laurée d'Apollon à droite. ℞. ROMA. Victoire couronnant un trophée; dans le champ, E (n. 16).
AR. Q. B.

MÉDAILLES EN BRONZE

632. Tête casquée de Pallas à droite; en haut, quatre points. ℞. Proue de vaisseau; en haut, ROMA; dessous, quatre points. Triens (n. 11). T. B.

633. Tête de Mercure à droite avec le pétase ailé; en haut, deux points. ℞. Proue de vaisseau; en haut, ROMA; dessous, deux points. Sextans (n. 14). T. B.

634. Tête de Mercure à droite avec le pétase ailé. ℞. ROMA. Proue de vaisseau. Demi-once, B^{on} D'AILLY. T. B.

635. Tête casquée de Mars à droite. ℞. ROMA. Proue de vaisseau. Quart d'once, B^{on} D'AILLY. T. B.

636. Tête casquée de Mars à droite. ℞. ROMA. Proue de vaisseau. Quart d'once, première réduction, B^{on} D'AILLY. T. B.

637. Une ancre et trois points. ℞. Une grenouille dans un cercle. Quadrans, italique.

638. Tête barbue de Janus dans un cercle; dessous, une barre. ℞. I. Proue de vaisseau dans un cercle. — As, romain. T. B.

MÉDAILLES DE FABRIQUE CAMPANIENNE

639. Tête casquée de Mars à droite; derrière, LX. ℞. ROMA. Aigle sur un foudre (n. 1). (Soixante sesterces.)
OR. T. B.

640. Tête casquée de Mars à droite; derrière, XX. ℞. Même légende et même type (n. 3). (Vingt sesterces.)
OR. F. D. C.

641. Double tête imberbe laurée. ℞. Jupiter dans un quadrige au galop à droite, tenant un foudre et un sceptre; derrière lui, une Victoire (n. 4). OR.

642. Même tête. ℞. ROMA (incus). Même Jupiter (n. 5).
AR. module 6 1|2. T. B.

643. La même, module 5. T. B.

644. La même, module 4 1|2. T. B.

645. La même, module 4 1|2, ROMA en relief. T. B.

646. La même, ROMA en relief. Jupiter dans un quadrige au galop à gauche, tenant un foudre et un sceptre (n. 7).
AR. F. D. C. module du denier 2 variétés.

647. Même tête. ℞. ROMA. Deux soldats debout, touchant avec une baguette une truie que tient un homme à genoux (n. 8). OR. T. B.

648. Tête virile casquée à droite; derrière, une massue. ℞. ROMA. Cheval libre à droite; en haut, une massue (n. 11). AR. mod. 4 1|2. F. D. C.

649. La même pièce en petit bronze. T. B.

650. Tête virile casquée à droite. ℞. Buste de cheval à droite; derrière, un strigile (n. 13). AR. mod. 4 1|2. T. B.

651. La même, en petit bronze. B.

652. Tête laurée d'Apollon à droite. ℞. ROMA. Cheval libre à gauche (n. 15). AR. mod. 4 1|2. F. D. C.

653. La même pièce, en petit bronze. T. B.

654. ROMANO. Tête laurée d'Apollon à gauche. ℞. Cheval libre à droite; dans le champ, une étoile (n. 17).
AR. mod. 4 1|2. B.

655. Tête de Vénus phrygienne à droite; derrière, un globe. ℞. ROMANO. Victoire debout, attachant une couronne à un palmier (n. 20). AR. mod. 4 1|2. T. B.

656. Tête de Vénus phrygienne à droite. ℟. ROMA. Chien à droite, la patte droite de devant levée (n. 11). Petit bronze.   T. B.
657. Tête imberbe d'Hercule à droite, diadémée, sur une massue. ℟. ROMANO. La louve allaitant Romulus et Rémus (n. 18).   AR. mod. 6. T. B.
658. La louve allaitant Romulus et Rémus; à l'exergue, deux points. ℟. ROMA. Corbeau tenant une fleur dans son bec; dans le champ, deux points (n. 8).
    T. B. sextans. Belle patine verte.
659. Tête tourelée de Cybèle à droite. ℟. ROMA. Cavalier nu à droite, tenant un fouet (n. 10). Petit bronze.
    T. B.
660. CILEPIA. Tête laurée de femme à gauche. ℟. Soldat casqué debout, appuyé sur sa lance; devant lui, un bœuf couché, dont on ne voit que la tête. Monnaie samnite.   AR. F. D. C.

Empire romain

POMPEIVS (81 à 48 av. J.-C.).
Voir les nos 149, 412, 429, 481, 482.

IVLIVS CAESAR (50 à 44 av. J.-C.).
Voir les nos 22, 24, 27, 230, 231, 269, 290, 300 à 310, 366, 410, 419, 427, 530, 531, 537, 541 à 543, 612, 613, 620.

BRVTVS MARCVS IVNIVS (44 à 42 av. J.-C.).
Voir les nos 220, 270, 353, 443, 466, 551, 552, 562, 563.

CAIVS CASSIVS LONGINVS (44 à 42 av. J.-C.).
Voir les nos 166 à 171.

DOMITIVS AHENOBARBVS (40 av. J.-C.).
Voir le n° 245.

QVINTVS LABIENVS (44 av. J.-C.).
Voir le n° 99.

SEXTVS POMPEIVS (44 à 35 av. J.-C.).
Voir les nos 483 à 485.

MARCVS AEMILIVS LEPIDVS.
Voir les nos 25, 45 et 46.

MARCVS ANTONIVS (43 à 31 av. J.-C.).
Voir les nos 42 à 85, 115, 116, 177, 288, 354, 420, 455, 543, 605.

FVLVIA femme d'Antoine.
Voir le n° 50.

OCTAVIA 2e femme d'Antoine.
Voir les nos 53 et 54.

CLEOPATRA.
Voir le n° 57.

LVCIVS ANTONIVS (41 av. J.-C.).
Voir le n° 184.

AVGVSTVS (44 av. J.-C. à 14 de J.-C.)

Voir aussi les nᵒˢ 36 à 38, 86, 92 à 96, 155, 156, 224 à 226, 247 à 252, 311 à 342, 369, 399, 407 à 409, 452, 456, 457, 527, 529, 562, 607 à 611.

661. IMP. CAESAR. Tête nue d'Auguste à droite; devant, le bâton augural. ℞. AVGVSTVS. Capricorne à droite, avec une corne d'abondance sur le dos. (Cohen n. 28).
AR. Médaillon mod. 7. T. B.
662. ℞. Même revers (n. 29). AR. Médaillon mod. 7. T. B.
663. ℞. AVGVSTVS. Autel entouré de guirlandes et orné de deux cerfs (n. 30). AR. Médaillon mod. 7. T. B.
664. ℞. AVGVSTVS. Six épis en faisceaux (n. 32).
AR. Médaillon mod. 7. T. B.
665. ℞. COM. ASIAE. Temple à six colonnes sur le fronton duquel on lit : ROM ET AVGVST (n. 34).
AR. médaillon mod. 7. B.
666. ℞. MART. VLTO. Temple rond à quatre colonnes; au milieu, une enseigne militaire (n. 37).
AR. médaillon mod. 7. T. B.
667. IMP. CAESAR DIVI F. COS. VI. LIBERTATIS P. R. VINDEX. Tête laurée d'Auguste à droite. ℞. PAX. La Paix debout, tenant un caducée; à côté d'elle, la ciste mystique d'ou s'élance un serpent (n. 39).
AR. Médaillon mod. 7. T. B.
668. ℞. S. P. R. SIGNIS RECEPTIS entre les arches d'un arc de triomphe, orné de deux aigles romaines ; sur le fronton, on lit : IMP. IX. TR. POT. V.; au-dessus, Auguste dans un quaurige (c. 40). AR. Médaillon mod. 7. T. B.
669. CAESAR AVGVSTVS entre deux branches de laurier. ℞. OB CIVIS SERVATOS dans une couronne de chêne (n. 4). OR.
670. S. P. Q. R. PARENT. CONS. SVO. Aigle romaine, manteau impérial et couronne. ℞. CAESARI en haut; AVGVSTO à l'exergue; quadrige orné de deux Victoires en bas-relief à droite, sur lequel est un petit quadrige au galop (n. 5). AR. T. B.
671. AVGVSTVS DIVI F. Tête laurée d'Auguste à droite. ℞. C. CAES. AVGVS. F. Caïus César galopant à droite; derrière, trois enseignes militaires (n. 82). OR. T. B.

62. La même argent (n. 83). T. B.
673. ℞. AVGVSTVS. Capricorne à droite, tenant un gouvernail (n. 51). OR. B.
674. Même pièce (n. 52). AR. B.
675. ℞. Deux branches de laurier CAESAR AVGVSTVS (n. 64). AR. F. D. C.
676. ℞. L. CAESARES AVGVSTI F. COS. DESIG. PRINC. IVVENT. Caïus et Lucius debout, tenant chacun une haste et un bouclier (n. 86). OR. T. B.
677. La même en argent (n. 87). AR. F. D. C.
678. ℞. IMP. X. Taureau cornupète à gauche (n. 117). AR. T. B.
679. ℞. IMP. X. Taureau à droite (n. 119). AR. T. B.
680. ℞. IMP. XI. Capricorne à droite, tenant un globe (n. 132). AR. B.
681. ℞. IMP. XII. Taureau cornupète à gauche (n. 138). R. T. B.
682. ℞. FORT. RED. CAES. AVG. S. P. Q. R. sur un autel (n. 97). AR. B.
683. ℞. IOV. TON. Jupiter debout dans un temple à six colonnes, tenant un foudre et la haste (n. 160). AR. T. B.
684. ℞. OB. CIVIS SERVATOS dans une couronne de chêne (n. 177). AR. B.
685. ℞. Même légende en dehors d'une couronne de chêne (n. 178). AR. B.
686. ℞. Même légende. Couronne de chêne, dans laquelle est un bouclier, avec l'inscription : S. P. Q. R. CL. V. (n. 180). AR. B.
687. ℞. IMP. X. Deux soldats présentant chacun une branche d'olivier à Auguste, assis sur une estrade (L. 127). AR. T. B.
688. ℞. IMP. X. ACT. Apollon en habit de femme, tenant une lyre et le plectrum, debout à gauche (n. 128). AR. T. B.
689. ℞. SIGNIS RECEPTIS. Mars debout de face, regardant à droite, tenant une aigle romaine et une enseigne (n. 200). AR. T. B.
690. ℞. SIGNIS RECEPTIS S. P. Q. R. Bouclier entre une aigle romaine et une enseigne militaire ; on lit : CL. V. sur le bouclier (n. 205). AR. B.

691. ℞. vot. p. svsc. pro. salvt. et red. i. o. m. sacr. Mars debout à droite, nu, casqué, un manteau sur le bras, tenant un étendard et un parazonium (n. 243). AR. B.

692. ℞. vot. p. svsc. pro. sal. et redit. i. o. m. sacrvm en quatre lignes traversant le champ. Mars debout à droite tenant un étendard et le parazonium (n. 246).
AR. B.

693. ℞. s. p. q. r. dans le champ. Temple rond à quatre colonnes; au milieu, un char, dans lequel sont une aigle romaine et un petit quadrige (n. 217). AR. T. B.

694. ℞. s. p. q. r. cl. v. sur un bouclier (n. 225). AR. T. B.

695. ℞. s. p. q. r. cl. v. sur un bouclier (n. 226). AR. T. B.

696. ℞. ti. caesar avg. f. tr. pot. xv. Tibère dans un quadrige à droite, tenant une branche de laurier et un sceptre surmonté d'un aigle (n. 232). AR. B.

697. ℞. consecratio. Autel allumé. Restitution de Philippe (n. 505). billon. T. B.

698. ℞. iovi. olym. Temple à six colonnes, orné d'acrostoliums (n. 157). AR. F. D. C.

699. ℞. s. p. q. r. Quadrige au pas à droite, sur lequel on voit une aigle romaine et un petit quadrige lancé (n. 209). AR. B.

700. mars vltor. Tête casquée de Mars à droite. ℞. signa. p. r. Aigle romaine avec une couronne de perles dans son bec, entre deux enseignes militaires et un autel allumé (n. 512). AR. F. D. C.

701. divvs avgvstvs pater. Tête radiée d'Auguste à gauche. ℞. provident s. c. Autel (n. 272). M. B. T. B.

702. ℞. s. c. dans une couronne de chêne (n. 283). M. B. B.

703. avgvstvs c. v. i. celsa. Tête d'Auguste dans une couronne de laurier. ℞. l. cor. terr. m. ivn. hisp. ii vir. Bœuf à droite. CELSA (*Tarragonaise*). M. B. B.

704. ΚΑΙΣΑΡΟΣ ΣΕΒΑΣΤΟΥ. Tête nue d'Auguste à droite. dans un cercle de grenetis. ℞. ΒΑΣΙΛΕΩΣ ΡΟΙΜΗΤΑΛΚΟΥ. Têtes accolées de Rhoémétalces, roi de Thrace, et de sa femme à droite. M. B. B.

705. ΚΑΙΣΑΡΟΣ ΣΕΒΑΣΤΟΥ. Tête nue d'Auguste à droite. ℞. ΒΑΣΙΛΕΩΣ ΡΟΙΜΗΤΑΛΚΟΥ. Tête diadémée de Rhoémétalces à droite.

LIVIA, femme d'Auguste.

706. PIETAS. Buste voilé et diadémé de Livie à droite. ℞.
DRVSVS CAESAR TI. AVGVSTI F. TR. POT. ITER.; dans le
champ, s. c. (n. 1).　　　　　　　　　　　M. B. T. B.
707. IVSTITIA. Buste diadémé de Livie à droite. ℞. TI. CAESAR
DIVI AVG. F. AVG. P. M. TR. POT. XXIII; dans le
champ, s. c. (n. 2. variété).　　　　　　　M. B. T. B.
708. SALVS AVGVSTA. Buste de Livie à droite, coiffée en cheveux. ℞. Même revers (n. 3).　　　　　　　M. B. B.

AGRIPPA, gendre d'Auguste

709. M. AGRIPPA L. F. COS. III. Tête d'Agrippa à gauche, avec la couronne rostrale. ℞. S. C. Neptune nu debout avec un manteau sur les épaules, tenant un dauphin et un trident (n. 3).　　　　　　　　　　　　　M. B. B.

AGRIPPA ET AVGVSTVS

710. M. AGRIPPA PLATORINVS III VIR. Tête nue d'Agrippa à droite. ℞ CAESAR AVGVSTVS. Tête nue d'Auguste à droite (n. 3).　　　　　　　　　　　　　AR. B.
711. IMP. DIVI F. P. P. Têtes adossées d'Auguste et d'Agrippa, l'une portant une couronne de laurier et l'autre une couronne rostrale. ℞. COL. NEM. Crocodile attaché à un palmier; en haut, une couronne avec des rubans flottants; en dessous, deux palmes.
　　　　　　　　M. B. (Colonie de Nîmes.) B.
712. La même, sans les lettres P. P. et une des têtes sans couronne.　　　　　　　　　　　　　　M. B. B.

JVLIA, femme d'Agrippa.

713. C. MARIVS TRO. III VIR. Buste de Julie à droite, représentée, comme Diane, avec un carquois. ℞. AVGVSTVS. Tête nue d'Auguste à droite; derrière, le bâton d'augure. Cohen, Julie et Auguste (n. 1).　　　AR. B.

CAIVS CAESAR

714. CAESAR. Tête nue très jeune à droite; le tout dans une couronne de laurier. ℞. AVGVST. Grand candélabre dans une couronne composée de fleurs, de bucranes et de patères (n. 2). AR. T. B.

CAIVS, LVCIVS, JVLIA ET AVGVSTVS

715. AVGVSTVS DIVI F. Tête nue d'Auguste à droite; le tout dans une couronne de chêne. ℞. C. MARIVS TRO. III VIR. Tête de Julie à droite, surmontée d'une couronne, entre les têtes de Caius et Lucius (n. 2). AR. T. B.

TIBERIVS (14 à 37 de J.-C.

716. TI. CAESAR DIVI AVG. F. AVGVSTVS. Tête laurée de Tibère à droite. ℞. PONTIF. MAXIM. Livie assise à droite, tenant un sceptre et une fleur (n. 1). OR. T. B.
717. Même médaille (n. 2). AR. B.
718. ℞. TR. POT. XVI IMP. VII. Tibère dans un quadrige à droite, tenant un sceptre surmonté d'un aigle et un rameau (n. 3). OR. T. B.
719. Même pièce avec TR. POT. XVII (n. 6). AR. B.
720. ℞. TR. POT. XXV. Victoire assise à droite sur un globe, tenant un diadème (n. 11). OR. Q. T. B.
721. ℞. ROM. ET AVG. Autel entre deux colonnes, surmontées chacune d'une Victoire (n. 46). P. B. B.
722. ℞. PONTIFEX TRIBVN. POTESTATE XII; dans le champ, S. C. (n. 38). M. B. T. B.
723. CIVITATIBVS ASIAE RESTITVTIS. Tibère lauré assis à gauche, tenant une patère et un sceptre. ℞. TI CAESAR DIVI AVG. F. AVGVST. P. M. TR. POT. XXIIII; dans le champ, S. C. (n. 51). G. B. T. B.
724. TI CAESAR AVGVSTVS. Tête nue de Tibère à gauche. ℞. Inscription africaine. Buste lauré d'Apollon à droite; devant une lyre. M. B. B., frappé en Mauritanie.

TIBERIVS et AVGVSTVS

725. TI. CAESAR DIVI F. AVGVSTVS. Tête laurée de Tibère à droite. ℞. DIVOS AVGVST. DIVI F. Tête laurée d'Auguste à droite; dessus, un astre (n. 3). OR. B.
726. ℞. CAESAR AVGVSTVS DIVI F. PATER PATRIAE. Tête laurée d'Auguste à droite (n. 2). AR. B.
727. Un homme et une femme sur un lit, dans une position lascive. ℞. XV dans une couronne de laurier.
P. B. Spintrienne.

DRVSVS junior, fils de Tibère

28. DRVSVS CAESAR TI. AVG. DIVI F. AVG. N. Tête nue de Drusus à gauche. ℞. PONTIF. TRIBVN. POTEST. ITER. Dans le champ, s. c. (n. 2). M. B. T. B.
29. ℞. IMP. T. CAES. DIVI VESP. F. AVG. P. M. TR. P. P. P. COS. VIII. RESTITV. (En double légende). Dans le champ, s. c. (n. 5). M. B. T. B.

DRVSVS et TIBERIVS

730. DRVSVS CAES. TI. AVG. COS. II TR. P. Tête nue de Drusus à gauche. ℞. TI. CAES. AVG. P. M. TR. P. XXXV. Tête laurée de Tibère à droite (n. 2). AR. B.

DRVSVS senior, frère de Tibère

731. NERO CLAVDIVS DRVSVS GERMANICVS IMP. Tête laurée de Drusus à gauche. ℞. DE GERM. Arc de triomphe surmonté de deux trophées, au bas de chacun desquels est un captif; au milieu, la statue équestre de Drusus, courant à droite (n. 2). AR. B.
732. ℞. DE GERMANIS. Sur un arc de triomphe surmonté de la statue équestre de Drusus à gauche entre deux trophées (n. 3). OR. B.
733. ℞. DE GERMANIS. Drapeau au milieu de deux boucliers, quatre hastes et deux trompettes (n. 5). OR. B.
734. Même médaille (n. 6). AR. B.

ANTONIA, femme de Drusus

735. ANTONIA AVGVSTA. Buste d'Antonia à droite, couronné d'épis. ℞. CONSTANTIAE AVGVSTI. Cérès debout, tenaut une torche allumée et une corne d'abondance (n. 1).
OR. T. B.

736. ℞. SACERDOS DIVI AVGVSTI. Deux torches allumées, réunies par des bandelettes et une guirlande (n. 3). OR. B.

737. La même médaille (n. 4). AR. B.

738. ℞. TI. CLAVDIVS CAESAR AVG. P. M. TR. P. IMP. Claude debout à gauche, tenant le simpulum (n. 6). M. B. B.

GERMANICVS, (4 à 10 de J.-C.)

739. GERMANICVS CAESAR. Germanicus debout dans un quadrige, tenant un sceptre surmonté d'un aigle. ℞. SIGNIS RECEPT. DEVICTIS GERM. Germanicus debout à gauche, levant le bras droit et tenant un sceptre surmonté d'un aigle; dans le champ, s. c. (n. 5). M. B. B.

740. GERMANICVS CAESAR TI. AVGVST. PON. M. TR. POT. II Tête nue de Germanicus à gauche. ℞. C. CAESAR AVG. GERMANICVS PON. M. TR. POT. Dans le champ, s. c.
M. B. B. inédit.
Ce revers appartient à Néron et Drusus.

741. ℞. IMP. T. CAES. DIVI VESP. F. AVG. REST. Dans le champ, s. c. Restitution de Titus. M. B. B. inédit.

GERMANICVS et CALIGVLA

742. GERMANICVS CAES. P. C. CAES. AVG. GERM. Tête nue de Germanicus à droite. ℞. C. CAESAR AVG. PON. M. TR. POT. III COS. III. Tête laurée de Caligula à droite (n. 5).
OR, décrite seulement en argent.

743. ℞. C. CAESAR AVG. GERM. P. M. TR. POT. Tête nue de Caligula à droite (n. 4). AR. T. B.

AGRIPPINA senior et CALIGVLA

744. AGRIPPINA MAT. C. CAES. AVG. GERM. Buste d'Agrippine

à droite. ℞. C. CAESAR AVG. GERM. P. M. TR. POT. Tête laurée de Caligula à droite (n. 1). OR. T. B.
745. La même médaille (n. 2). AR. T. B.

NERO ET DRVSVS, CÉSARS

746. NERO ET DRVSVS CAESARES. Néron et Drusus á cheval galopant à droite. ℞. C. CAESAR AVG. GERMANICUS PON. M. TR. POT. Dans le champ, S. C. (n. 1). M. B. T. B.

CALIGVLA (37 à 41)

747. C. CAESAR AVG. GERMANICVS. Tête nue de Caligula à droite. ℞. IMPERATOR PONT. MAX. AVG. TR. POT. Bâton d'augure et simpulum (n. 1). AR. B.
748. ℞. S. P. Q. R. OB. C. S. dans une couronne de chêne (n. 5). OR. T. B.
749. ℞. Même revers que le précédent (n. 8). AR. B.
750. ℞. S. C. VESTA. Vesta voilée, assise, tenant une patère et une haste (n. 26). M. B. T. B.
751. ℞. Même revers (n. 25). M. B. B.
752. ΓΑΙΟC ΚΑΙCΑΡ CΕΒ. ΓΕΡΜ. ΑΡΧ. ΜΕΓ. ΔΗΜ. ΕΞ ΟΥ ΥΠΑ. Tête nue de Caligula à droite; derrière, un sceptre. ℞. Sans légende. Caligula radié, assis dans un char traîné par quatre éléphants, chacun monté par un cornac; dans le champ, sept étoiles.
Mionnet, AR. T. B. (Médaillon frappé en Crète.)

CALIGVLA ET AVGVSTVS

753. C. CAESAR AVG. GERM. P. M. TR. POT. Tête laurée de Caligula à droite. ℞. DIVVS AVGVSTVS PATER PATRIAE. Tête radiée d'Auguste à droite (n. 1). OR. T. B.
754. La même médaille (n. 2). AR. T. B.
755. ℞. Sans légende. Tête radiée d'Auguste à droite, entre deux étoiles (n. 10). AR. T. B.

CALIGVLA et CESONIA?

756. C. CAESAR AVG GERMANIC. IMP. P. M. TR. P. COS. Tête laurée de Caligula à droite. R). CN. ATEL. FLAC. CN. POM. FLAC. II. VIR V. I. N. C.; dans le champ, SAL. AVG. Tête de Césonie? à droite, sous les traits de la Santé (n. 1).   M. B.

CLAVDIVS I (41 à 54)

757. TI CLAVD CAES AVG. Tête nue de Claude à gauche. R). COM ASI. Temple à deux colonnes, dans lequel Claude debout est couronné par la Fortune; sur la frise, on lit: ROM. ET AVG. (n. 1).
       AR. T. B. (Médaillon frappé à Pergame.)

758. R). DIAN EPHE. Diane d'Éphèse dans un temple à quatre colonnes; sur le fronton, deux statues et trois tables (n. 3).   AR. T. B. (Médaillon frappé à Éphèse).

759. R). CONSTANTIAE AVGVSTI. La Constance assise à gauche, portant la main droite à sa bouche (n. 6).   OR. T. B.

760. R). PRAETOR RECEPT. Claude debout, donnant la main à un soldat, qui tient une enseigne militaire et un bouclier (n. 57).   OR. T. B.

761. R). PACI AVGVSTAE. La Paix, avec les emblèmes de Némésis, allant à droite, et tenant un caducée; à ses pieds, un serpent (n. 40).   OR. B.

762. La même médaille (n. 41).   AR. B.

763. R). S. P. Q. R. P. P. OB. C. S. Dans une couronne de chêne. (n. 61).   OR.

764. R). Même revers que le précédent (n. 68).   AR. B.

765. R). EX. S. C. OB CIVES SERVATOS, dans une couronne de chêne (n. 29).   AR. B.

766. R). IMPER. RECEPT. Écrit sur un camp prétorien, à la porte duquel on voit un soldat debout, près d'une enseigne militaire (n. 36).   AR. B.

767. R). EX. S. C. Carpentum à droite, attelé de quatre chevaux; sur le char on voit deux Victoires et un quadrige en bas-relief (n. 27).   AR. T. B.

768. R). CERES AVGVSTA. S. C. Cérès voilée, assise à gauche, tenant deux épis et une torche (n. 72).   M. B. B.

769. ℞. ROM ET AVG. Autel entre deux colonnes surmontées chacune d'une Victoire (n. 85). P. B. variété T. B.

AGRIPPINA et CLAVDIVS

770. TI. CLAVD. CAES. AVG. AGRIPP. AVGVSTA. Buste d'Agrippine et tête laurée de Claude accolés à gauche. ℞. DIANA EPHESIA Diane d'Ephèse debout (n. 1).
AR. Médaillon mod. 7. T. B.

771. AGRIPPINA AVGVSTA CAESARIS AVG. Buste d'Agrippine à droite. ℞. TI. CLAVD. CAESAR. AVG. GERM. P. M. TR. P. X. IMP. XIIX. Tête laurée de Claude à droite (n. 2).
AR. Médaillon mod. 7. T. B.

772. AGRIPPINAE AVGVSTAE. Son buste à droite couronné d'épis. ℞. TI. CLAVD. CAESAR AVG. GERM. P. M. TRIB. POT. P. P. Tête laurée de Claude à droite (n. 4). AR. T. B.

AGRIPPINA et NERO

773. AGRIPPINA AVGVSTA MATER AVGVSTI. Buste d'Agrippine à droite. ℞. NERO CLAVD. DIVI CLAVD. F. CAESAR AVG. GERMANI. Tête laurée de Néron à droite (n. 1).
AR. Médaillon mod. 5. T. B.

774. NERO CLAVD DIVI F. CAES. AVG. GERM. IMP. TR. P. COS. Tête nue de Néron et buste d'Aggrippine accolés à droite. ℞. AGRIP. AVG. DIVI CLAVDI. NERONIS CAES MATER EX S. C. Auguste? et Livie? dans un quadrige d'éléphants à gauche (n. 2). OR. T. B.

775. La même médaille (n. 3). AR. T. B.

776. AGRIPP. AVG. DIVI CLAVDI. NERONIS CAES MATER. Buste d'Agrippine et tête nue de Néron en regard. ℞. NERONI CLAVD. DIVI. F. CAES. AVG. GERM. IMP. TR. P. Couronne de chêne dans laquelle on lit : EX. S. C. (n. 6).
AR. F. D. C.

NERO (50 à 68)

777. NERO CLAVD. CAES. DRVSVS GERM. PRINC. IVVENT. Buste jeune de Néron à gauche. ℞. SACERD. COOPT. IN OMN. CONL. SVPRA NVM. EX S. C. Simpulum sur un trépied et bâton d'augure sur une patère (n. 55). OR. B.

778. ℞. EQVESTER ORDO PRINCIPI IVVENT. Sur un bouclier, derrière lequel est une haste (n. 9). OR. B.

778 bis. ℞. PONTIF. MAX. TR. P. II. P. P. Autour d'une couronne de chêne, dans laquelle on lit EX S. C. (n. 20). OR.

779. NERO CAESAR AVGVSTVS. Tête laurée de Néron à droite ℞. AVGVSTVS AVGVSTA. Auguste et Livie debout (n° 3.) OR. B.

780. ℞. AVGVSTVS GERMANICVS. Néron radié debout à gauche tenant une branche de laurier et une Victoire (n. 6). AR. F. D. C.

781. ℞. SALVS. La Santé assise à gauche, tenant une patère. (n. 63). AR. F. D. C.

782. ℞. Sans légende. Aigle romaine entre deux enseignes. (n. 67). AR.

783. ℞. PONTIF. MAX. TR. P. VIII. COS. IIII. P. P. EX. S. C. Mars debout à gauche, tenant une haste et un parazonium (n. 42). AR. T. B.

784. ℞. PONTIF. MAX. TR. P. IMP. P. P. Néron debout, en habit de femme, chantant et s'accompagnant de la lyre; dans le champ, s. c.; à l'exergue, I (n. 213). Entre M. et P. B. T. B.

785. ℞. P. M. TR. P. IMP. P. P. S. C. Branche d'olivier (n. 191). P. B.

786. ℞. CERT. QVINQ. ROM. CON. S. C. Table des jeux ornée d'un bas-relief représentant deux griffons; au-dessus, un vase, une couronne et la lettre s; dessous, un disque (n. 99). P. B. T. B.

787. Même médaille. Variété. Tête plus grosse. B.

788. ℞. P. M. TR. P. IMP. P. P. S. C. Branche d'olivier (n. 196). P. B. T. B.

789. ℞. GENIO AVGVSTI. Génie debout, tenant une corne d'abondance près d'un autel allumé; à l'exergue, I (n. 141). Entre M. et P. B. B.

790. Même médaille. Tête radiée (n. 142). B.

791. ℞. S. C. Rome casquée assise à gauche sur des boucliers, le pied posé sur un casque, tenant une couronne et un parazonium; à l'exergue, ROMA (n. 237). M. B. T. B.

792. ℞. TR. POT. P. P. S. C. Rome casquée assise à gauche sur une cuirasse et tenant une couronne; en haut, s (n. 264). P. B. T. B.

NERO et CLAVDIVS

793. NERO CLAVD. DIVI CLAVD. F. CAESAR AVG. GERM. Tête laurée de Néron à droite. ℞. DIVOS CLAVD. AVGVST. GERMANIC. PATER AVG. Tête laurée de Claude à droite (n. 1). AR. Médaillon mod. 5 1/2 T. B.
794. NERO CLAVD. CAES DRVSVS GERM. PRINC. IVVENT. Buste nu de Néron jeune à gauche. ℞. TI CLAVD. CAESAR AVG. GERM. P. M. TRIB. POT. P. P. Tête laurée de Claude à droite (n. 5). OR. T. B.

NERO et POPPAEA

795. ΝΕΡΩ ΚΛΑΥ ΚΑΙΣ ΣΕΒ ΓΕΡ ΑΥ. Tête radiée de Néron à droite. ℞. ΠΟΠΠΑΙΑ ΣΕΒΑΣΤΗ. Buste de Poppée à droite devant L. I. (l'an 10). POT. B.

INTERRÈGNE [1]

796. GENIVS P. R. Tête diadémée et barbue du Génie du peuple romain à droite; derrière, un sceptre. ℞. MARS VLTOR. Mars nu marchant à droite, portant une haste et un bouclier (n. 261).
AR. (Cohen Galba) variété inédite fourrée. B.
797. G. P. R. Tête diadémée et barbue du Génie du peuple romain à droite. ℞. Même revers (n. 261).
AR. Autre variété inédite. T. B.
798. SALVS GENERIS HVMANI. Victoire debout le pied posé sur un globe, tenant une couronne et une palme. ℞. S. P. Q. R. dans une couronne de chêne (n. 275). AR. T. B.
799. Tête barbue à droite. ℞. S. C. Aigle éployé regardant à gauche. Cohen. T. VI (n. 12). P. B. T. B.
800. Tête barbue du Tibre à gauche couronnée de roseaux.

---

(1) Voir aussi au règne d'Auguste le n° 700; à Domitien, les n°s 877 à 883, et à Antonin les n°s 994, 995 et encore les n°s 978 et 1029. Ces pièces ont dû toutes être frappées pendant ce court interrègne.

R). s. c. La louve à droite, allaitant Romulus et Rémus (*id.* n. 15). P. B. Variété. T. B.

GALBA (an 68, règne 8 mois)

801. HISPANIA. Buste de femme à droite; derrière, deux hastes et un bouclier; devant, deux branches de laurier. R). GALBA IMP. Galba à cheval à gauche (n. 1). AR. T. B.

802. IMP. SER. GALBA CAESAR AVG. Tête laurée de Galba à droite. R). DIVA AVGVSTA. Livie debout à gauche, tenant une patère et un sceptre (n. 22). OR. B.

803. R). HISPANIA. L'Espagne debout à gauche, tenant de la main droite deux épis et un pavot, et de la gauche, deux hastes et un bouclier (n. 40). AR. T. B.

804. R). S. P. Q. R. OB. C. S. en deux lignes, dans une couronne de chêne (n. 80). OR. B.

804 *bis*. R). S. P. Q. R. OB. C. S. en trois lignes dans une couronne de chêne (n. 81). AR. B.

805. R). VIRTVS. Rome debout à gauche, tenant une Victoire et un Parazonium (n. 97). AR. T. B.

806. R). PAX. AVGVST. S. C. La Paix debout à gauche, tenant une branche d'olivier et une corne d'abondance (n. 167). M. B. T. B.

807. R). VESTA S. C. Vesta voilée assise à gauche, tenant le palladium et un sceptre (n. 243). M. B. B.

OTHO (an 69, règne 3 mois)

808. IMP. M. OTHO. CAESAR AVG. TR. P. Tête nue d'Othon à droite. R). SECVRITAS P. R. La Sécurité debout à gauche, tenant une couronne et un sceptre (n. 13). OR. F. D. C.

809. R). Même revers (n. 12). AR. F. D. C.

810. R). VICTORIA OTHONIS. Victoire marchant à gauche, tenant une couronne et une palme (n. 18). AR. B.

VITELLIVS (an 69, règne 3 mois)

811. A. VITELLIVS GERMANICVS IMP. Tête nue de Vitellius à droite. R). Sans légende. Victoire assise à gauche, tenant une patère et une palme (n. 50). AR. B.

812. ℞. CONCORDIA P. R. La Concorde assise à gauche, tenant une patère et une double corne d'abondance (n. 4). AR. T. B.

813. ℞. PONT. MAXIM. Vesta voilée assise à droite, tenant une patère et une haste (n. 28). OR. T. B.

814. ℞. VICTORIA AVGVSTI. Victoire allant à gauche, tenant un bouclier sur lequel on lit : S. P. Q. R. (n. 39). AR. T. B.

815. ℞. CONCORDIA AVGVSTI S. C. La Concorde assise à gauche, près d'un autel paré, tenant une patère et une corne d'abondance (n. 62). M. B. T. B.

A. VITELLIVS et ses enfants

816. A. VITELLIVS GERM. IMP. AVG. TR. P. Tête de Vitellius à droite. ℞. LIBERI IMP. GERMAN. Bustes en regard de son fils et de sa fille (n. 2). AR. T. B.

L. VITELLIVS, père de Vitellius

817. L. VITELLIVS COS. III. CENSOR. Tête laurée de Lucius Vitellius à droite; devant, une aigle romaine. ℞. A. VITELLIVS GERM. IMP. AVG. TR. P. Tête laurée d'Aulus Vitellius à droite (n. 2). AR. B.

VESPASIANVS (69 à 79)

818. IMP. CAESAR VESPASIANVS AVG. Tête laurée de Vespasien à droite. ℞. COS. VI. Taureau cornupète à droite (n. 54). OR. T. B.

819. ℞. ANNONA AVG. Femme assise à gauche, tenant de la main droite la draperie de sa robe et appuyant le bras gauche sur son siége (n. 3). OR. F. D. C.

820. ℞. VESTA. Temple rond à quatre colonnes, au milieu et de chaque côté, une statue (n. 212). OR. T. B.

821. ℞. EX, dans le champ, S. C. sur un bouclier placé sur une colonne funéraire surmonté d'un vase ; de chaque côté, une branche de laurier (n. 83). OR. B.

822. ℞. PAX. AVGVST. La Paix assise à gauche, tenant une branche d'olivier et un sceptre (n. 146). OR. T. B.

823. ℞) PON. MAX. TR. P. COS. V. Vespasien assis à droite, appuyé sur un sceptre et tenant une branche de laurier (n. 152). AR. T. B.

824. COS. VIII. ℞. Proue de vaisseau ; dessous, un astre (n. 75). AR. T. B.

825. ℞). IVDAEA. La Judée assise pleurant au pied d'un trophée (n. 108). AR. T. B.

826. ℞). COS. VIII. Mars nu, debout, à gauche, tenant un trophée et une haste (n. 66). AR. T. B.

827. ℞). PON. MAX. TR. P. COS. V. Caducée ailé (n. 151). AR. T. B.

828. ℞. EX. S. C. Victoire debout à gauche, érigeant un trophée ; dessous, la Judée assise (n. 78). AR. T. B.

829. ℞. VICTORIA AVGVST. Victoire allant à droite, tenant une palme et une couronne (n. 224). AR. Q. B.

830. ℞). PACI. ORB. TERRAR. AVG. Buste de la Paix tourelée à droite (n. 137). AR. B.

831. ℞. IVDEA CAPTA. S. C. Palmier, à gauche, un Juif debout les mains liées derrière le dos ; on voit un bouclier et des armes derrière lui ; à droite, une Juive en pleurs assise sur une cuirasse. Belle patine verte (n. 304).
G. B. T. B.

832. ℞). P. M. TR. POT. P. P. Caducée ailé, sans S. C. (n. 353). P. B. T. B.

832 (bis). ℞). P. M. TR. P. P. P. COS. VI. Caducée ailé, avec S. C. (n. 358). P. B. T. B.

833. ℞. PON. M. TR. P. P. P. COS. III. S. C. Aspersoir, patère et bâton d'augure. (n. 364). P. B. T. B.

834. ℞. S. C. dans une couronne de laurier (n. 454). P. B. T. B.

835. ℞) DIVO VESPASIANO. Tête radiée de Vespasien à droite. ℞. CONSECRATIO. Autel allumé (n. 510). Restitution de Philippe. BIL. T. B.

VESPASIANVS TITVS et DOMITIANVS

836. IMP. CAESAR VESPASIANVS AVG. Tête laurée de Vespasien à droite. ℞). CAESAR AVG. F. COS. CAESAR AVG. F. PR. Tête nues de Titus et de Domitien en regard (n. 3). OR. B.

837. Même médaille (n. 4). AR. T. B.

FLAVIA DOMITILLA, femme de Vespasien

838. DIVA DOMITILLA AVGVSTA. Buste de Domitille à droite. ℞. FORTVNA AVGVST. La Fortune debout à gauche, tenant un gouvernail et une corne d'abondance (n. 3).
AR. B.

TITVS (69 à 79)

839. T. CAES. IMP. VESP. PON. TR. POT. CENS. Tête laurée de Titus à droite. ℞. PAX AVG. La Paix debout à gauche appuyée sur une colonne, tenant une branche d'olivier et un caducée ailé ; devant elle, un trépied (n. 53). OR. F. D. C.

840. ℞ PONTIF. TR. P. COS. IIII. Victoire tenant une couronne et une palme, debout sur un autel entouré de deux serpents (n. 65). OR. F. D. C.

841. ℞. NEP. RED. Neptune nu, debout à gauche, le pied sur un globe, tenant un acrostolium et une haste (n. 46)
OR. F. D. C.

842. ℞. VICTORIA AVGVST. Victoire assise à droite, tenant une couronne et une palme (n. 129). AR. Q. B.

843. ℞. PONTIF. TR. P. COS. III. Caducée ailé (n. 162).
AR. T. B.

844. ℞. TR. P. IX. IMP. XV. COS. VIII. P. P. Trône (n. 94).
AR. B.

845. ℞. Même légende. Couronne sur une chaise curule (n. 100). AR. B.

846. ℞. VICTORIA AVGVST. S. C. Victoire debout à droite, tenant une couronne et une palme (n. 301).
M. B. T. B.

847. ℞. FELICITAS PVBLICA S. C. La Félicité debout à gauche, tenant un caducée et une corne d'abondance (n. 167).
M. B. T. B.

848. ℞. S. C. dans une couronne de laurier (n. 276). P. B. T. B.

849. DIVO TITO. Tête radiée de Titus à droite. ℞. Aigle éployé, la tête tournée à gauche (n. 319). Restitution de Philippe. Bil. T. B.

JULIA, fille de Titus

850. IVLIA AVGVSTA T. AVG. F. Buste diadémé de Julie à droite. ℞. VENVS AVG. Vénus debout, à moitié nue, vue par derrière, appuyée sur une colonne, tenant un casque et un sceptre (n. 5). AR. T. B.

851. IVLIA IMP. T. AVG. F. AVGVSTA. Buste de Julie à droite, avec le chignon relevé. ℞. VESTA S. C. Vesta assise à gauche, tenant le palladium et un sceptre (n. 16).
M. B. B.

DOMITIANVS (69 à 96)

852. IMP. CAES. DOMITIAN. AVG. P. M. COS. VIII. Tête laurée de Domitien, légèrement barbue à droite. ℞. Sans légende. Aigle romaine entre deux enseignes militaires. (n. 8). *Médaillon frappé en Asie*. AR. T. B.

853. ℞. Sans légende. Domitien à cheval à gauche tenant un sceptre et levant le bras droit (n. 274). OR. T. B.

854. ℞. COS V. La louve allaitant Romulus et Rémus ; dessous, une nacelle (n. 24). OR. B.

855. La même médaille (n. 25). AR. T. B.

856. IVPPITER CONSERVATOR. Aigle de face éployé sur un foudre (n. 180). OR. T. B.

857. La même médaille (n. 181). AR. T. B.

858. ℞. IMP. XXI. COS. XIII. CENS. P. P. P. Pallas casquée debout à gauche, tenant un foudre et la haste (n. 92).
AR. T. B.

859. ℞. IMP. XXI. COS. XV. CENS. P. P. P. Pallas debout à droite sur un vaisseau, lançant un javelot (n. 162).
AR. T. B.

860. ℞. IMP. XXII. COS. XVII. CENS. P. P. P. Pallas casquée debout à gauche, tenant une haste (n. 100). AR. F.D.C.

861. ℞. COS. XIIII. LVD. SAEC. FEC. sur un cippe. Prêtre salien marchant à gauche ; au milieu, un candélabre (n. 39).
AR. T. B.

862. ℞. COS XIII. Cippe sur lequel on lit : LVD. SAEC. FEC. Le tout dans une couronne de laurier (*supplément* n. 8).
AR. T. B.

863. COS. XIII. LVD. SAEC. FEC. Prêtre salien allant à gauche, tenant un bouclier et un flambeau (n. 43).
AR. Q. T. B.

864. ℞. IMP. XI. COS. XII. CENS. P. P. P. Victoire marchant à droite, tenant une couronne et une palme (n. 170).
AR. Q. T. B.

865. ℞. VICTORIA AVGVST. Victoire marchant à droite, tenant une couronne et une palme (n. 264). AR. Q. T. B.

866. ℞. VICTORIA AVGVST. Victoire assise à gauche, tenant une couronne et une palme (n. 269).
AR. Q. T. B.

867. ℞. c. s. L'Espérance marchant à gauche, tenant une fleur et relevant sa robe de la main gauche (n. 421).
M. B. T. B.

868. ℞. IOVI CONSERVAT s. c. Jupiter, à moitié nu, debout à gauche, tenant un foudre et un sceptre (n. 362).
M. B. T. B.

869. ℞. FELICITAS PVBLICA s. c. La Félicité debout à gauche, tenant un caducée et une corne d'abondance (n. 319).
M. B. T. B.

870. ℞. s. c. Corne d'abondance remplie de fruits, d'épis et de pavots (n. 504). P. B. B.

871. ℞. s. c. Corbeau à droite sur une branche de laurier (n. 513). P. B. F. D. C.

872. ℞. s. c. Branche de laurier (n. 506). P. B. T. B.

873. ℞. s. c. Branche de laurier (n. 505). P. B. F. D. C.

874. ℞. Sans légende. Hippopotame à droite (n. 567).
P. B. F. D. C.

875. ℞. Hippopotame à gauche (n. 568). P. B. T. B.

876. s. c. Dans une couronne de laurier (n. 501).
P. B. F. D. C

TESSÈRES attribuées à Domitien, avec ou sans s. c.

877. Buste de Mercure à droite. ℞. Caducée ailé (n. 20).
P. B. F. D. C.

878. Deux fers à cheval au milieu d'un armille terminé par

deux têtes de serpent. ℞. 10. trivmp. Branche d'olivier (n. 1). P. B. F. D. C.
879. Buste casqué de Pallas à droite. ℞. s. c. Chouette à droite regardant de face (n. 4). P. B. T. B.
880. Pétase ailé. ℞. s. c. Caducée ailé (n. 21). P. B. T. B.
881. Modius avec trois épis. ℞. Urne (n. 31). P. B. F. D. C.
882. Griffon accroupi à gauche, touchant une roue de sa patte droite. ℞. s. c. Trépied (n. 22). P. B. T. B.
883. La même médaille avec le griffon à droite (n. 23). P. B. T. B.

DOMITIA, femme de Domitien

884. domitia. avg. imp. domitian. avg. germ. Buste de Domitia à droite. ℞. concordia avgvst. Paon à droite (n. 5). OR. T. B.
885. ℞. concordia avgvst. Paon à droite (n. 3). AR. T. B.
886. ℞. divvs caesar imp. domitiani p. Enfant nu assis sur un globe, levant ses bras et entouré de sept étoiles (n. 6). AR. B.
887. imp. domit. avg. germ. cos. xi. Buste de Domitia? à droite couronné d'épis. ℞. s. c. Corbeille remplie d'épis (n. 12). P. B. T. B.
888. imp. domit. avg. germ. Même buste. ℞. Même revers (n. 13). P. B. T. B.
889. Même légende et même buste. ℞. s. c. Quatre épis et trois pavots en faisceau (n. 15). P. B. F. D. C.
890. ΔΟΜΙΤΙΑ CЄΒΑCΤΗ. Buste de Domitia à droite. ℞. ΑΝΘΥ ΚΑΙCЄΝ. ΠΑΙΤΟΥ. ΟΜΟΝΟΙΑ. ЄΦЄ. ΖΜΥΡ. Diane d'Éphèse. Frappé à Éphèse. M. B.

NERVA (96 à 98)

891. imp. nerva caes. avg. p. m. tr. pot. Tête laurée de Nerva à droite. ℞. cos. iii. pater patriae. Simpulum, aspersoir, vase à sacrifice et bâton d'augure (n. 21). OR. B.
892. ℞. fortvna p. r. La Fortune assise à gauche, tenant deux épis et un sceptre (n. 32). OR.
893. ℞. Même revers (n. 24). AR. F. D. C.

894. ℞. aeqvitas avgvst. L'Équité debout à gauche, tenant une balance et une corne d'abondance (n. 7).
AR. T. B.

895. ℞. libertas pvblica. La Liberté debout à gauche, tenant un bonnet et un sceptre (n. 51). AR. B.

896. s. c. Caducée ailé (n. 119). P. B. T. B.

897. divo nervae. Tête radiée de Nerva à droite. ℞. consecratio. Aigle éployé (n. 126). Restitution de Philippe.
BIL. T. B.

TRAJANVS (98 à 117)

898. imp. caes. ner. traiano optimo avg. ger. dac. Buste lauré de Trajan avec le paludamentum. ℞. regna adsignata. Trajan assis sur une estrade placée à droite ; derrière lui, le préfet du prétoire; devant, un soldat debout tenant une haste ; au pied de l'estrade, trois rois debout (n. 206). OR. T. B.

899. ℞. fort. red. (à l'exergue). p. m. tr. p. cos. vi. p. p. s. p. q. r. La Fortune assise à gauche, tenant un gouvernail et une corne d'abondance (n. 92). OR. F. D. C.

900. ℞. fort. red. cos. vi. p. p. s. p. q. r. La Fortune assise à gauche, tenant un gouvernail et une corne d'abondance (n. 90). OR. B.

901. p. m. tr. p. cos. iii. p. p. La Fortune debout à gauche (n. 126). OR. T. B.

902. ℞. p. m. tr. p. cos. iiii. p. p. Homme nu debout à gauche, tenant une haste et son manteau, érigeant un trophée placé sur un Dace (n. 155). OR. T. B.

903. ℞. danvvivs (à l'exergue). cos. v. p. p. s. p. q. r. optimo principi. Le Danube couronné de roseaux, entouré de joncs et d'une voile enflée par le vent, couché à gauche (n. 87). AR. T. B.

904. ℞. provid p. m. tr. p. cos. vi. p. p. s. p. q. r. La Providence debout à gauche, appuyée sur une colonne (n. 202). AR. T. B.

905. ℞. via traiana s. p. q. r. optimo principi. Femme couchée à terre, tenant une roue sur son genou gauche (n. 200). AR. T. B.

906. ℞. arab. adq. s. p. q. r. optimo principi. L'Arabie de-

bout à gauche, tenant un rameau et un roseau; à ses pieds, une autruche (n. 15). AR. T. B.

907. ℞. S. P. Q. R. OPTIMO PRINCIPI. Statue équestre de Trajan, à gauche tenant une haste (n. 260). AR. T. B.

908. ℞. DAC. CAP. (à l'exergue). COS. V. P. P. S. P. Q. R. OPTIMO PRINCIPI. Dace en pleurs assis sur des armes; derrière lui, un bouclier germain et deux javelots; devant lui, deux faucilles (n. 76). AR. F. D. C.

909. ℞. COS. V. P. P. S. P. Q. R. OPTIMO PRINCIPI. L'Espérance marchant à gauche, tenant une fleur et relevant sa robe (n. 42). AR. T. B.

910. ℞. Même légende. L'Équité debout à gauche, tenant une balance et une corne d'abondance (n. 43). AR. T. B.

911. ℞. Même légende. Victoire debout à gauche, tenant une couronne et une palme (n. 32). AR. T. B.

912. ℞. P. M. TR. P. COS. IIII. P. P. Mars casqué, nu, allant à droite et portant une haste et un trophée (n. 135). AR. F. D. C.

913. ℞. P. M. TR. P. COS. II. P. P. Victoire assise à gauche, tenant une patère et une palme (n. 122). AR. T. B.

914. ℞. COS. V. P. P. S. P. Q. R. OPTIMO PRINCIPI. Victoire marchant à droite, tenant une couronne et une palme (n. 37). AR. Q.

915. ℞. P. M. TR. P. COS. III. P. P. Victoire allant à droite, tenant une couronne et une palme (n. 133). AR. Q. T. B.

916. ℞. P. M. TR. P. COS. VI. P. P. S. P. Q. R. Buste radié du Soleil à droite (n. 165). AR. T. B.

917. ℞. SENATVS POPVLVS QVE ROMANVS. S. C. Trajan de face marchant entre deux trophées; il tient une haste et regarde à gauche (n. 400). M. B. T. B.

918. ℞. DARDANICI. Femme debout à gauche, tenant des épis et la draperie de son vêtement (n. 338). P. B. F. D. C.

919. ℞. S. C. Massue (n. 387). P. B. T. B.

920. ℞. S. C. Sanglier marchant à droite (n. 388). P. B. T. B.

921. ΑΥΤΟΚΡ. ΚΑΙC. ΝΕΡ. ΤΡΑΙΑΝΟC. CΕΒ. ΓΕΡΜ. ΔΑΚ. Tête laurée de Trajan à droite avec l'égide. ℞. ΔΗΜΑΡΧ. ΕΞ ΥΠΑΤΟ. Trois enseignes militaires. AR. Médaillon frappé à Césarée de Cappadoce B.

922. DIVO TRAIANO. Tête radiée de Trajan à droite. ℞. CON-
SECRATIO. Autel allumé (n. 550. Restitution de Philippe). - Bil. B.
923. TRAIANVS AVG. COS. IIII. P. P. Tête laurée de Trajan à
droite avec le monogramme P. E. dans le champ. ℞.
Vue du cirque prise d'un point élevé et de côté ; devant, au pied des arcades, deux personnages debout.
Sabatier, pl. III. (n. 6), médaillon contorniate. T. B.
924. TRAIANVS AVG. COS. IIII. P. P. Buste lauré de Trajan à
droite avec le paludamentum et la cuirasse, et le monogramme P. E. ℞. Cybèle et Atys dans un quadrige de
lions galopant à droite. Sabatier, pl. XI. (n. 6).
Médaillon contorniate. T. B.

PLOTINA et TRAJANVS

925 PLOTINAE AVG. Buste diadémé de Plotine à droite. ℞.
DIVO TRAIANO PARTH. AVG. PATRI. Buste lauré de Trajan
à droite avec le paludamentum (n. 1). OR. F. D. C.

PLOTINA et MATIDIA

PLOTINAE AVG. Buste diadémé de Plotine à droite. ℞.
MATIDIAE AVG. Buste diadémé de Matidie à droite
(n. 1). CR. T. B.

MARCIANA, sœur de Trajan

927. DIVA AVGVSTA MARCIANA. Buste diadémé de Marciane
à droite. ℞. CONSECRATIO. Aigle éployé à gauche sur
un sceptre, regardant à droite (n. 4). AR. B.

MATIDIA, nièce de Trajan

928. MATIDIA AVG. DIVAE MARCIANAE F. Buste diadémé de Matidie à droite. ℞. PIETAS AVGVST. Matidie debout à
gauche, les mains placées sur les têtes de Sabine et
de Matidie jeune (n. 5). OR. T. B.
929. Même médaille (n. 6). AR. T. B.

TRAJANVS pater et TRAJANVS

930. DIVVS PATER TRAIANVS. Buste nu de Trajan père à droite avec le paludamentum. ℞. IMP. TRAIANVS AVG. GER. DAC. P. M. TR. P. COS. VI. P. P. Buste lauré de Trajan à droite avec le paludamentum (n. 1).
OR. T. B.

931. DIVVS PATER TRAIAN. Trajan père assis à gauche sur une chaise curule, tenant une patère et un sceptre (n. 88). AR. T. B.

TRAJANVS, TRAJANVS pater et NERVA

932. IMP. TRAIANVS AVG. GER. DAC. P. M. TR. P. COS. VI. P. P. Buste lauré de Trajan à droite avec le paludamentum. ℞. DIVI NERVA ET TRAIANVS PAT. Bustes en regard de Nerva, lauré, et de Trajan père, nu (n. 1). OR. B.

HADRIANVS (117 à 138)

933. HADRIANVS AVG. COS. III. P. P. Buste nu d'Adrien à droite avec le paludamentum. ℞. ADVENTVI AVG. ITALIAE. Adrien debout en face de l'Italie aussi debout qui tient une corne d'abondance; entre eux, un autel paré et allumé (n. 60). OR. T. B.

934. ℞. COS. III. La louve allaitant Romulus et Rémus (n. 184). OR. T. B.

935. ℞. COS. III. Adrien à cheval à droite, levant la main (n. 176). OR. T. B.

936. ℞. DISCIPLINA AVG. Adrien marchant à droite, suivi de trois soldats qui portent des enseignes (n. 210). OR. B.

937. ℞. P. M. TR. P. COS. III. Triptolème nu debout à gauche auprès d'un autel, tenant des épis et une patère (n. 381). OR. F. D. C.

938. ℞. INDVLGENTIA AVG. COS. III. P. P. L'Indulgence assise à gauche, tendant la main droite et tenant un sceptre (n. 282). AR. F. D. C.

939. ℞. COS. III. Astre sur un croissant (n. 195). AR. F. D. C.

940. ℞. COS. III. La Concorde assise à gauche (n. 131).
AR. F. D. C.

941. ℞. LIBERALITAS AVG. COS. III. La Libéralité debout à droite vidant sa corne d'abondance (n. 309). AR. F. D. C.

942. ℞. FORTVNAE REDVCI. Adrien debout, donnant la main à la Fortune (n. 242). AR. T. B.

943. ℞. AEQVITAS AVG. L'Équité debout à gauche, tenant une balance et une haste (n. 78). AR F. D. C.

944. ℞. MONETA AVG. La Monnaie debout à gauche, tenant une balance et une corne d'abondance (n. 324).
 AR. F. D. C.

945. ℞. NILVS. Le Nil couché à droite, appuyé sur une urne, tenant un roseau et une corne d'abondance; devant, un hippopotame; à côté, un crocodile (n. 328).
 AR. F. D. C.

946. ℞. NILVS. Le Nil couché à droite, devant un hippopotame (n. 329). AR. T. B.

947. ℞. RESTITVTORI GALLIAE. Adrien debout relevant la Gaule agenouillée (n. 450). AR. F. D. C.

948. ℞. RESTITVTORI AFRICAE. Adrien debout relevant l'Afrique agenouillée, qui est coiffée de la trompe d'éléphant et tient des épis (n. 449). AR. T. B.

949. ℞. ITALIA. L'Italie voilée, debout à gauche, tenant un sceptre et une corne d'abondance (n. 285). AR. T. B.

950. ℞. AEGYPTOS. L'Égypte couchée, tenant un sistre et le bras gauche reposant sur un panier; devant elle, un ibis (n. 70). AR. F. D. C.

951. ℞. ALEXANDRIA. Alexandrie debout à gauche, tenant un sistre et un panier dans lequel est un serpent (n. 90).
 AR. F. D. C.

952. ℞. GERMANIA. La Germanie debout à gauche, tenant une lance de la main droite et s'appuyant sur un bouclier (n. 263). AR. T. B.

953. ℞. DIANA EPHESIA. Diane d'Ephèse debout dans un temple à quatre colonnes (n. 44). AR. Médaillon B.

954. ℞. IVSTITIA (à l'exergue). P. M. TR. P. COS. II. à l'entour. La Justice assise à gauche, tenant une patère et un sceptre (n. 298). AR. F. D. C.

955. ℞. LIBERAL. AVG. III. P. M. TR. P. COS. III. Adrien assis sur une estrade, faisant une distribution à un homme debout au bas de l'estrade (n. 299). AR. T. B.

956. ℞. P. M. TR. P. COS. III. L'Océan couché à gauche appuyé sur un dauphin (n. 393). AR. T. B.
957. ℞. P. M. TR. P. COS. III. Victoire assise à gauche, tenant une couronne et une palme (n. 416). AR. Q. T. B.
958. ℞. Même légende. Victoire marchant à droite, tenant une couronne et une palme (n. 406). AR. Q. T. B.
959. ℞. AFRICA. L'Afrique couchée à gauche, tenant un scorpion et une corne d'abondance, le bras appuyé sur un rocher : devant elle, un panier rempli d'épis (n. 654). M. B. T. B.
960. ℞. SALVS. AVG. S. C. La Santé assise à gauche, nourrissant un serpent enroulé autour d'un autel et le bras gauche accoudé à son siège (n. 1104). M. B. T. B.
961. ℞. CLEMENTIA AVG. COS. III. P. P. S. C. La Clémence debout à gauche, tenant une patère et un sceptre (n. 688). M. B. B.
962. ℞. COS. III. S. C. Pégase courant à droite (n. 744). Belle patine. M. B. T. B.
963. ℞. COS. III. Lyre (n. 747). P. B. T. B.
964. ℞. COS. III. Trois enseignes militaire (n. 752) P. B. T. B.
965. ℞. DIVO HADRIANO. Tête radiée d'Adrien à droite. ℞. CONSECRATIO. Autel allumé. Supplément (n. 128). Billon. Restitution de Philippe. B.
966. ℞. HADRIANVS AVG. COS. III. P. P. Tête nue d'Adrien à droite. ℞. SABINAE. L'enlèvement des Sabines. Sabatier, pl. XV (n. 5). Médaille contorniate. B.

HADRIANVS et TRAJANVS

967. IMP. CAES. TRAIAN. HADRIAN. OPT. AVG. G. D. PART. Buste lauré d'Adrien à droite avec la cuirasse et le paludamentum. ℞. DIVO. TRAIANO PATRI AVG. Buste lauré de Trajan à droite avec la cuirasse et le paludamentum (n. 1). OR. B.

SABINA, femme d'Adrien

968. SABINA AVGVSTA. Buste diadémé de Sabine à droite avec la coiffure relevée. ℞. VESTA. Vesta assise à gauche, tenant le palladium et un sceptre (n. 26). OR. B.

969. ℞. IVNONI REGINAE. Junon voilée debout à gauche, tenant une patère et un sceptre (n. 18). OR. F. D. C.

970. ℞. CONCORDIA AVG. S. C. La Concorde assise à gauche, tenant une patère; sous le siége, une corne d'abondance (n. 49). M. B. B.

970 (*bis*). ϹΑΒΙΝΑ ϹΕΒΑϹΤΗ. Buste diadémé de Sabine ; à droite, ℞ ϹΑΒΕΙΝΑ ϹΕΒΑϹΤΗ LΙΕ (an 15). Sabine assise à gauche, pièce frappée à Alexandrie. POT. B.

ANTINOVS

971. ΑΝΤΙΝΟΟϹ ΠΡΟϹ. Tête nue d'Antinoüs à droite. ℞ ΜΗΤΡΟΠΟΛΙϹ ΝΙΚΟΜΗΔΕΙΑΝ. Taureau debout à droite. P. B. Frappé à Nicomédie. B.

972. ΑΝΤΙΝΟΟϹ ΠΡΟϹ. Tête nue d'Antinoüs à gauche. ℞. ΠΟΛΕΜΩΝ ΑΝΕΘΗΚΕ ϹΜΥΡΝΑΙΟΙϹ. Beuf marchant à droite (n. 1). n. 1. Médaillon de bronze frappé à Smyrne. B.

AELIVS CAESAR (136 à 138)

973. L. AELIVS CAESAR. Tête nue d'Aelius à droite. ℞. CONCORD. TRIB. POT. COS. II. La Concorde assise à gauche, tenant une patère, le coude appuyé sur une corne d'abondance (n. 4). OR. B.

974. ℞. PIETAS TR. POT. COS. La Piété voilée, debout à gauche, devant un autel (n. 14). AR. T. B.

975. ℞. CONCORD TR. POT. COS. La Concorde du numéro 973 (n. 8). AR. T. B.

976 ℞. TR. POT. COS. II. S. C. L'Espérance allant à gauche, enant une fleur et relevant sa robe (n. 50). M. B. T. B.

97″. Même médaille. Variété de type. M. B. T. B.

978. A. P. P. F. dans une couronne de chêne. ℞. Sceptre au-dessus duquel est un buste viril à gauche. P. B. T. B.

ANTONINVS PIVS (138 à 161)

979. ANTONINVS AVG. PIVS P. P. Tête laurée d'Antonin à droite. ℞ LIB. V. COS. III. La Libéralité debout à gau-

che, tenant une tessère et une corne d'abondance. (n. 195). OR. F. D. C.

980. ℞. TR. POT. COS. IIII. Rome casquée assise à gauche tenant le palladium et la haste ; derrière elle un bouclier (n. 298). OR. T. B.

981. ℞. COS. IIII. Antonin debout à gauche, tenant un globe (n. 126). OR. F. D. C.

982. ℞. CONCORD. TRI. POT. COS. La Concorde assise à gauche, tenant une patère et le coude gauche posé sur une statuette de l'Espérance ; sous le siège, une corne d'abondance (n. 41). OR. F. D. C.

983. ℞. .CONCORD TRI. POT. COS. DES. II. (à l'entour). Même type (n. 42). OR. T. B.

984. ℞. COS. III. L'Abondance debout à gauche, tenant deux épis ; à côté, le modius plein d'épis, à droite, un vaisseau vu à moitié (n. 115). AR. T. B.

985. ℞. COS. III. Deux mains jointes tenant un caducée et deux épis (n. 135). AR. T. B.

986. ℞. COS. III. Trône surmonté d'un foudre (n. 136). AR. T. B.

987. ℞. TR. POT. COS. III. S. C. Couteau de sacrificateur, aspersoir, vase, bâton d'augure et simpulum (n. 894). M. B. T. B.

988. ℞. GENIVS POPVLI ROMANI. S. C. Le Génie du peuple romain debout à droite, tenant un sceptre et une corne d'abondance (n. 607). M. B. T. B.

989. ℞. PAX. (à l'exergue). TR. POT. COS. II. (à l'entour). La Paix debout à gauche, tenant une branche d'olivier, et une corne d'abondance (n. 708) M. B. T. B.

990. ℞. COS. III. S. C. Chouette de face ; aigle et paon la queue éployée (n. 526). P. B. T. B.

991. ℞. COS. III. S. C. Modius avec six épis et un pavot (n. 530). P. B. T. B.

992. ℞. TR. POT. CAS. II. S. C. Caducée ailé traversé par une massue (n. 873). P. B. T. B.

993. IMPERATOR II. Aigle debout de face, regardant à droite; ℞. COS. III. S. C. Foudre ailé (n. 528). P. B. T. B.

994. T. VI. Buste casqué et barbu à droite. ℞. S. C. Cuirasse. T. VI. (n. 18). P. B. Tessère. T. B.

995. La même médaille. Module très petit. T. B.

996. ℞. CONSECRATIO. Aigle debout regardant à gauche (n. 46). AR. F. D. C.
997. ℞. CONSECRATIO. Aigle debout sur un autel orné de guirlandes, regardant à gauche (n. 47). AR. T. B.
998. ℞. DIVO PIO. Tête radiée d'Antonin à droite. ℞. CONSECRATIO. Aigle éployé debout sur un sceptre, regardant à gauche (n. 987). Restitution de Philippe. Bil. T. B.
999. ℞. CONSECRATIO. Autel allumé (n. 988). Restitution de Philippe. Bil. T. B.

ANTONINVS PIVS et M. AVRELIVS

1000. ANTONINVS AVG. PIVS P. P. TR. POT. COS. III. Tête d'Antonin à gauche. ℞. AVRELIVS CAESAR AVG. PII. F. COS. Tête nue de Marc Aurèle jeune à droite (n. 5). OR. T. B.
1001. ℞. AVRELIVS CAES. AVG. PII. F. COS. DES. Tête nue de Marc Aurèle jeune à gauche (n. 4). AR. T. B.
1002. ΛΟΥΚΙΟC ΚΑΙCΑΡ. Tête nue de Marc Aurèle jeune à droite. ℞. ΕΛΑΙΤΩΝ. Cinq épées dans une corbeille P. B. B. frappée à Elaea.

FAVSTINA senior, femme d'Antonin

1003. DIVA FAVSTINA. Buste diadémé et voilé de Faustine à gauche. ℞. AVGVSTA. Diane debout à gauche, tenant deux torches (n. 26). OR. F. D. C.
1004. ℞. AVGVSTA. Vesta ou Cérès debout à gauche, tenant une torche et un sceptre (n. 33). OR. T. B.
1005. ℞. AETERNITAS. L'Éternité voilée debout à gauche, tenant une patère et un gouvernail posé sur un globe (n. 2). OR. T. B.
1006. ℞. AETERNITAS. L'Éternité voilée debout à gauche, tenant un globe et un gouvernail (n. 6). AR. T. B.
1007. ℞. AETERNITAS. L'Éternité voilée debout à gauche, levant la main droite et tenant un sceptre (n. 10). AR. T. B.
1008. ℞. PIETAS AVG. La Piété voilée debout à gauche, mettant un grain d'encens sur un autel paré et allumé et tenant une boîte à parfums (n. 96). AR. F. D. C.

1009. ℞. AETERNITAS S. C. L'Éternité assise à gauche sur un globe parsemé d'étoiles, levant la main droite et tenant un sceptre (n. 148). M. B. T. B.

GAL. ANTONINVS

1010. M. ANN. ΓΑΛΕΡΙΟC ΑΝΤωΝΙΝΟC ΑΥΤΟΚΡΑΤΟΡΟC ΑΝΤΟΝΙΝωC ΥΙΟC. Buste nu de Galère Antonin à droite, avec le paludamentum. ℞. ΘΕΑ ΦΑΥCΤΕΙΝΑ. Buste de Faustine mère à droite, non voilé (n. 2). M. B. Variété B.

MARCVS AVRELIVS (139 à 180)

1011. AVRELIVS CAESAR AVG. PII FIL. Tête nue de Marc Aurèle jeune à droite. ℞. COS. II. L'Espérance marchant à gauche, tenant une fleur et relevant sa robe (n. 39). AR. B.

1012. ℞. TR. POT. VII. COS. II. Rome casquée et en habit militaire debout à gauche, tenant une Victoire et un parazonium (n. 225). OR. T. B.

1013. ℞. TR. POT. VIII. COS. II. Même type (n. 230). OR. B.

1014. M. ANTONINVS AVG. TR. P. XXVI. Buste lauré de Marc-Aurèle à droite, avec le paludamentum. ℞. IMP. VI. COS. III. Marc-Aurèle en habit militaire debout à gauche, tenant un foudre et une haste, couronné par la Victoire debout qui tient une palme (n. 115). OR. F. D. C.

1015. ℞. FELICITAS AVG. COS. III. La Félicité debout à gauche tenant un caducée et un sceptre (n. 75). OR. F. D. C.

1016. ℞. TR. P. XXII. IMP. IIII. COS. III. Victoire marchant à gauche, tenant une couronne et une palme (n. 295). OR. T. B.

1017. ℞. IMP. VI. COS. III. Mars debout à droite, tenant une haste la pointe baissée et s'appuyant sur un bouclier (n. 103). AR. F. D. C.

1018. ℞. CONSECRATIO. Bûcher à quatre étages orné de guirlandes et de statues (n. 34). AR. T. B.

1019. ΑΥΤΟΚΡ. ΑΝΤωΝΕΙΝΟC CΕΒ. Tête laurée de Marc-Aurèle à droite. ℞. ΥΠΑΤΟC. Β. Le Mont Argée. AR. Césarée de Cappadoce. T. B.

MARCVS AVRELIVS ET COMMODVS

1020. M. ANTONINVS AVG. GERM. TR. P. XXIX. Tête laurée de Marc Aurèle à droite. ℞. COMMODVS CAES. AVG. FIL. GERM. Tête nue de Commode jeune (n. 1). AR. B.

FAVSTINA JVNIOR, femme de M. Aurèle

1021. FAVSTINAE AVG. PII AVG. FIL. Buste de Faustine à droite. ℞. VENERI GENETRICI. Vénus debout à gauche, tenant une pomme et un sceptre (n. 80). OR. F. D. C.
1022. ℞. VENVS. Vénus debout à gauche, tenant une pomme et un gouvernail (n. 89). OR. T. B.
1023. ℞. SALVTI AVGVSTAE. La Santé assise à gauche, nourrissant un serpent enroulé autour d'un autel (n. 74). OR. T. B.
1024. ℞. MATRI MAGNAE. Cybèle assise à droite entre deux lions, tenant le tympanon (n. 62). OR. B.
1025. ℞. CONCORDIA. Colombe à droite (n. 20). OR. Superbe piéce. F. D. C.
1026. ℞. LAETITIAE PVBLICAE. La Joie debout à gauche, tenant une couronne et un sceptre (n. 58). AR. T. B.
1027. ℞. FECVND. AVGVSTAE. S. C. La Fécondité debout à gauche, tenant deux enfants dans ses bras et ayant deux jeunes filles à ses côtés (n. 162). M. B. T. B.
1028. ℞. S. C. Croissant entouré de sept étoiles (n. 214). M. B. T. B.
1029. Buste diadémée de Vénus à droite. ℞. S. C. Colombe. T. VI (n. 7). P. B. Tessère. T. B.
1030. ΦΑΥCΤΙΝΑ CΕΒΑCΤΗ. Buste nu de Faustine à gauche. ℞. LΓ. Le Nil assis sur un crocodile, tenant un roseau et une corne d'abondance. G. B. T. B. Alexandrie.
1031. ANNIA ΦΑΥCΤΕΙΝΑ CΕ..... Buste diadémé de Faustine à droite. ℞ ΑΔΡΙΑΝΩΝ ΔΙΟΚΑΙCΑΡΕΩΝ foudre ailé. M. B. *Diocésarée de Cilicie* (1).

---

(1) Cette pièce avait été classée à Annia Faustina, troisième femme d'Elagabale.

ANNIVS VERVS ?

1032. Buste d'enfant à droite, voilé et couronné de roseaux. ℞. s. c. dans une couronne de laurier. T. vi (n. 21).
P. B. Tessère T. B.

033. Buste d'enfant à droite, couronné de pampres et les épaules couvertes de raisins. ℞. s. c. dans une couronne de pampres et de raisins. T. vi (n. 22).
P. B. Tessère. T. B.

LVCIVS VERVS (161 à 169)

1034. L. VERVS AVG. ARM. PARTH. MAX. Buste lauré de Vérus à droite, avec le paludamentum et la cuirasse. ℞. TR. P. VI. IMP. IIII. COS. II. Victoire à demi nue debout, tenant une palme et attachant à un palmier un bouclier sur lequel on lit VIC. PAR (n. 69). OR. F. D. C.

1035. ℞. REX ARMEN. DAT. TR. P. IIII. IMP. II. COS. II. Vérus assis à gauche sur une estrade ; derrière lui, le préfet du prétoire debout ; devant, un soldat ; au pied de l'estrade, le roi Soème debout (n. 40). OR. B.

1036. ℞. TR. P. VII. IMP. IIII. COS. III. Victoire debout à gauche, tenant une couronne et une palme (n. 74).
OR. T. B.

1037. ΑΥΤΟΚΡ. ΟΥΗΡΟC. CΕΒΑCΤΟC. Tête nue de Vérus à droite. ℞. ΥΠΑΤΟC B. Le mont Argée. Frappée à Césarée de Cappadoce. AR. T. B.

LVCILLA, femme de Verus

1038. LVCILLA AVGVSTA. Buste de Lucille à droite. ℞. PVDICITIA. La Pudeur voilée debout à gauche sous les traits de Lucille (n. 22). OR. T. B.

1039. VENVS. Vénus debout à gauche, tenant une pomme et un sceptre (n. 26). OR. F. D. C.

1040. ℞. VENVS S. C. Vénus assise à gauche, tenant une Victoire et un sceptre (n. 89). M. B. T. B.

COMMODVS (175 à 192)

1041. COMMODO CAES. AVG. FIL. GERM. SARM. Buste nu de Commode jeune à droite, avec le paludamentum et la cuirasse. R). ADVENTVS CAES. Commode à cheval à droite, levant la main (n. 3). OR. T. B.

1042. R). PRINC. IVVENT. Commode debout à gauche, tenant un rameau et un sceptre; derrière lui, un trophée (n. 209). AR. B.

1043. R). TR. P. IIII. IMP. III. COS. II. P. P. Mars casqué marchant à droite, portant une haste et un trophée (n. 255). OR. F. D. C.

1044. M. COMMODVS ANTONINVS AVG. Buste lauré de Commode barbu à droite, avec le paludamentum et la cuirasse. R). LIBERAL. V. TR. P. VII. IMP. IIII. COS. III. P. P. Commode assis à gauche sur une estrade; derrière, un soldat, tenant une haste; devant, la Libéralité debout, tenant une tessère et une corne d'abondance; plus bas, un citoyen montant les degrés de l'estrade (n. 104). OR. F. D. C.

1045. R). SECVRITAS PVBLICA TR. P. VI. IMP. IIII. COS. III. P. P. La Sécurité assise à droite, tenant un sceptre et soutenant sa tête de la main droite (n. 230). OR. F. D. C.

1046. R). Γ. M. TR. P. X. IMP. VII. COS. IIII. P. P. Victoire marchant à gauche, tenant une couronne et une palme (n. 162). AR. Q. B.

1047. R). MINER. VICT. P. M. TR. P. XIIII. IMP. VIII. COS. V. P. P. Minerve debout à gauche, tenant une Victoire et une haste; devant elle, un bouclier; derrière, un trophée au bas duquel sont deux boucliers (n. 374).
Bronze Médaillon B.

1048. R). SPES PVBLICA S. C. L'Espérance marchant à gauche, tenant une fleur et relevant sa robe (n. 751). G. B. T. B.

1049. R). Même légende. Tête nue de Commode à droite, sans paludamentum (n. 471). M. B. T. B.

1050. DIVO COMMODO. Tête radiée de Commode à droite. R). CONSECRATIO. Autel allumé (n. 869).
Restitution de Philippe. BIL.

COMMODVS et MARCIA

1051. L. AELIVS AVRELIVS COMMODVS AVG. PIVS FELIX. Bustes accolés à droite de Commode lauré, avec le paludamentum et la cuirasse, et de Marcia? casquée avec la cuirasse et l'égide sur la poitrine. R). P. M. TR. P. XVII. IMP. VIII. COS. VII. P. P. La Félicité debout à droite, tenant un caducée et une corne d'abondance entre un victimaire amenant un taureau et Commode voilé debout à gauche, sacrifiant sur un trépied (n. 1).
Bronze Médaillon. T. B.

CRISPINA, femme de Commode

1052. CRISPINA AVGVSTA. Buste de Crispine à droite. R). VENVS FELIX. Vénus assise à gauche, tenant une Victoire et un sceptre (n. 17). OR. T. B.
1053. R). DIS GENITALIBVS. Autel allumé (n. 8). AR. B.
1054. R). IVNO LVCINA S. C. Junon debout à gauche, tenant une patère et un sceptre (n. 33). M. B. B.

CRISPINA et COMMODVS

1055. CRISPINA AVG. IMP. COMMODVS AVG. GERM. SARM. Bustes en regard de Crispine et de Commode imberbe, lauré, avec le paludamentum et la cuirasse R). VOTA PVBLICA. Commode et Crispine debout se donnant la main; entre eux, la Concorde ou Junon Pronuba debout (n. 2). Bronze Médaillon. T. B.

PERTINAX (an 193, règne 2 mois)

1056. IMP. CAES. P. HELV. PERTIN. AVG. Tête laurée de Pertinax à droite. R). PROVID. DEOR. COS. II. La Providence debout à gauche, levant les bras vers un globe radié (n. 17). OR. F. D. C.
1057. R). AEQVIT. AVG. TR. P. COS. II. L'Équité debout à gauche, tenant une balance et une corne d'abondance (n. 7). AR. T. B.

1058. ℞. IANO CONSERVAT. Janus debout à demi nu, tenant un sceptre (n. 7). AR. T. B.

DIDIVS JVLIANVS (an 193, règne 2 mois)

1059. IMP. CAES. M. DID. SEVER. IVLIAN. AVG. Buste lauré de Julien à droite, avec le paludamentum et la cuirasse ℞. CONCORD. MILIT. La Concorde debout à gauche, tenant deux enseignes militaires (n. 1). OR. T. B.
1060. Même médaille (n. 2). AR. T. B.

MANLIA SCANTILLA, femme de Julien

1061. MANL. SCANTILLA AVG. Buste de Manlia Scantilla à droite. ℞. IVNO REGINA. Junon voilée debout à gauche, tenant une patère et un sceptre; à ses pieds un paon (n. 1). OR.
1062. Même médaille (n. 2). AR. B.

DIDIA CLARA, fille de Julien

1063. DIDIA CLARA AVG. Buste de Didia Clara à droite. ℞. HILAR TEMPOR. L'Allégresse debout à gauche, tenant une longue palme et une corne d'abondance (n. 1). OR.
1064. Même médaille (n. 2). AR. B.

PESCENNIVS NIGER (an 193, règne 1 an)

1065. IMP. CAES. PES. NIGER IVS. AVG. COS. II. Tête laurée de Niger à droite. ℞. BONAE SPEI. L'Espérance marchant à gauche, tenant une fleur et relevant sa robe (n. 4). AR. B.

CLODIVS ALBINVS (193 à 196)

1066. D. CLOD. SEPT. ALBIN. CAES. Tête nue d'Albin à droite. ℞. ROMAE AETERNAE. Rome casquée assise à gauche, tenant le palladium et un sceptre; derrière elle, un bouclier (n. 34). AR. B.

1067. IMP. CAES. D. CLO. SEP. ALB. AVG. Tête laurée d'Albin à droite. ℞. VICT. AVG. COS II. Victoire marchant à droite, tenant une couronne et une palme (n. 47). AR. F. D. C.

1069. ℞. FIDES LEGION. COS. II. Deux mains jointes, tenant une aigle légionnaire sur un foudre (n. 14).
AR. F. D. C.

SEPTIMIVS SEVERVS (193 à 211)

1070. SEVERVS PIVS AVG. Tête laurée de Septime Sévère à droite. ℞. VIRTVS AVGVSTORVM. Sévère, Caracalla et Géta galopant à gauche (n. 444).   OR. F. D. C.

1071. ℞. VICT. AVG. TR. P. COS. Victoire à gauche, tenant une couronne et une palme (n. 394).   OR. T. B.

1072. ℞. VICT. AVG. TR. P. II. COS. II. Victoire marchant à droite, tenant une couronne et une palme (n. 396).
OR. F. D. C.

1073. ℞. ADVENT. AVG. Septime Sévère à cheval à gauche, tenant une haste ; précédé d'un soldat à pied (n. 6.)
AR. T. B.

1074. ℞. VIRT. AVGG. Rome casquée debout à gauche, tenant une Victoire, une haste et un bouclier (n. 438).
AR. F. D. C.

1075. ℞. PART. MAX. P. M. TR. P. VIIII. Trophée au pied duquel sont deux captifs (n. 237).   AR. F. D. C.

1076. ℞. PART. MAX. P. M. TR. P. X. COS. III. P. P. Trophée au pied duquel sont deux captifs (n. 239). AR. F. D. C.

1077. ℞. PONTIF. TR. P. XI. COS. III. Victoire marchant à gauche (n. 340).   AR. Q. T. B.

1078. ℞. VICT. PART. MAX. Victoire allant à gauche, tenant une couronne et une palme (n. 428).   AR. F. D. C.

1079. ℞. VOTA SVSCEPTA XX. Septime Sévère voilé debout à gauche, sacrifiant sur un trépied allumé (n. 454).
AR. F. D. C.

1080. ℞. RESTITVTOR VRBIS. Septime Sévère debout à gauche, lauré, en habit militaire, tenant une haste et sacrifiant sur un trépied (n. 361).   AR. T. B

1081. ℞. INDVLGENTIA AVGG. IN CARTH. S. C. La déesse tutélaire de Carthage assise sur un lion qui court à droite ; elle tient le tympanon et un sceptre (n. 522). M. B. T. B.

1082. ℞. CONSECRATIO. Aigle sur un autel (n. 56). AR. B.

S. SEVERVS ET JVLIA DOMNA

1083. SEVERVS AVG. PART. MAX. Tête laurée de Septime Sévère à droite. ℞. IVLIA AVGVSTA. Buste de Julia Domna à droite (n. 2). AR. T. B.

S. SEVERVS, JVLIA, CARACALLA ET GETA

1084. SEVERVS PIVS AVG. P. M. TR. P. X. Buste lauré de Septime Sévère à droite, avec le paludamentum et la cuirasse. ℞. FELICITAS SAECVLI. Buste de Julia Domna de face, entre le buste lauré de Caracalla à droite et le buste nu de Géta jeune à gauche, avec le paludamentum (n. 2). OR. T. B.

S. SEVERVS ET CARACALLA

1085. SEVERVS AVG. PART. MAX. Tête laurée de Septime Sévère à droite. ℞. ANTONINVS AVGVSTVS. Buste lauré de Caracalla jeune à droite, avec le paludamentum et la cuirasse (n. 2). AR. T. B.

S. SEVERVS, CARACALLA ET GETA

1086. SEVER. P. AVG. P. M. TR. P. X. COS. III. Buste lauré de Septime Sévère à droite, avec le paludamentum et la cuirasse. ℞. AETERNIT. IMPERII. Bustes affrontés de Caracalla et de Géta, l'un lauré et l'autre nu, chacun avec le paludamentum et la cuirasse (n. 1).
OR. variété. T. B.

1087. SEVERVS PIVS AVG. Tête laurée de Septime Sévère à droite. ℞. AETERNIT. IMPERI. Mêmes têtes (n. 4).
AR. T. B.

JVLIA DOMNA, femme de Sévère

1088. IVLIA AVGVSTA. Buste de Julia Domna à droite. ℞. PIETAS AVGG. La Piété debout à gauche, mettant un grain d'encens dans la flamme d'un autel et tenant une pomme et une boîte à parfums (n. 79). OR. T. B.

1089. La même médaille (n. 78). AR. B.
1090. IVLIA DOMNA AVG. Buste de Julia Domna à droite. ℞.
VENERI VICT. Vénus à demi nue debout, vue par derrière à droite, appuyée sur une colonne et tenant une pomme et une palme (n. 102). OR. T. B.
1091. HILARITAS. L'Allégresse debout à gauche tenant une longue palme et une corne d'abondance (n. 37).
OR. T. B.
1092. ℞. IVNO. Junon voilée debout à gauche, tenant une patère et un sceptre ; à ses pieds, un paon (n. 45).
AR. Q. T. B.
1093. LVNA LVCIFERA. Diane dans un bige au galop à gauche. (n. 56). AR. T. B.
1094. VENERI GENETRICI. Vénus debout à gauche, tenant un sceptre (n. 96). AR. T. B.
1095. ℞. VENERI GENETRICI. Vénus debout à gauche, tenant une patère et un sceptre (n. 97). AR. F. D. C.
1096. ℞. VENVS GENETRIX. Vénus assise à gauche, tenant une pomme et un sceptre ; à ses pieds, Cupidon debout (n. 110). AR. T. B.
1097. DIANA LVCIFERA. Diane debout à gauche, tenant une torche des deux mains (n. 19). AR. T. B.
1098. SAECVLI FELICITAS. Isis debout à droite, posant le pied sur une proue de navire, allaitant Horus ; derrière elle, un autel (n. 93). AR. F. D. C.
1099. ℞. VENVS GENETRIX S. C. Vénus assise à gauche, tendant la main à un enfant et tenant un sceptre (n. 196).
M. B. B.
1099 *bis*. ℞. HILARITAS S. C. L'Allégresse debout à gauche, tenant une longue palme et une corne d'abondance (n. 153). M. B. B.
1100. DIVA IVLIA AVGVSTA. Buste voilé de Julia Domna à droite. ℞. CONSECRATIO. Paon faisant la roue et marchant à gauche (n. 15). AR. T. B.
1101. ΙΟΥΛΙΑ ΔΟΜΝΑ CΕΒΑCΤ. Buste de Julia Domna à droite. ℞. ΚΟΡΚΥΡΑΙΩΝ. Pégase courant à droite.
M. B. Corcyra. B.

JVLIA, CARACALLA et GETA

1102. IVLIA AVGVSTA. Buste de Julia Domna à droite. ℟. AETERNIT. IMPERI. Bustes en regard de Caracalla lauré et de Géta nu-tête, tous deux jeunes et avec le paludamentum (n. 1).   OR. T. B.

CARACALLA (197 à 217)

1103. M. AVR. ANTONINVS CAES. Buste de Caracalla jeune, nu, à droite, avec le paludamentum. ℟. SEVERI AVG. PII. FIL. Bâton d'augure, couteau de victimaire, patère, vase à sacrifice, simpulum et aspersoir (n. 325).   OR. T. B.

1104. ℟. RESTITVTOR VRBIS. Rome casquée assise à gauche, tenant une Victoire et une haste; à côté d'elle, un bouclier (n. 307).   OR. T. B.

1105. ANTONINVS PIVS AVG. GERM. Buste lauré de Caracalla barbu à droite, avec le paludamentum. ℟. P. M. TR. P. XX. COS. IIII. P. P. Le Soleil radié debout à gauche, levant la main droite et tenant un fouet (n. 229).   OR. F. D. C.

1106. ℟. LIBERALITAS AVG. IIII. La libéralité debout à gauche (n. 61).   AR. B.

1107. ℟. COS. III. P. P. Victoire allant à gauche, tenant une palme et une couronne (n. 24).   AR. Q. B.

1108. ℟. PROF. (à l'exergue). PONTIF. TR. P. XI. COS. III. (à l'entour). Caracalla à cheval à droite (n. 296).   AR. B.

1109. ℟. P. M. TR. P. XVIII. COS. IIII. P. P. Sérapis debout à gauche, levant la main droite et tenant une haste (n. 183).   AR. T. B.

1110. ℟. Même légende. Le Soleil debout à gauche, levant la main droite et tenant un globe (n. 211).   AR. T. B.

1111. PONTIF. TR. P. XIII. COS. III. Caracalla au galop à gauche, terrassant un ennemi (n. 282).   AR. T. B.

1112. ℟. LIBERALITAS AVG. VIII. La Libéralité debout à gauche. (n. 92).   AR. F. D. C.

1113. ℞. VICT. PART. MAX. Victoire courant à gauche, tenant une couronne et une palme (n. 360). AR. F. D. C.
1114. ℞. VIRTVS AVGVSTOR. Rome assise à gauche, tenant une Victoire et le parazonium; derrière elle, un bouclier (n. 369). AR. F. D. C
1115. ℞. P. M. TR. P. XIIII. COS. III. P. P. Vesta assise à gauche, tenant une patère et une double corne d'abondance (n. 132). AR. B.
1116. ℞. SPEI PERPETVAE S. C. L'Espérance marchant à gauche, tenant une fleur et relevant sa robe (n. 565).
G. B. B. Belle patine verte.
1117. ℞. P. M. TR. P. XVII. IMP. III. COS. IIII. P. P. S. C. Mars casqué debout à gauche, tenant une Victoire et une haste et appuyé sur un bouclier; à ses pieds, un captif assis, les mains liées derrière le dos (n. 441).
G. B. Belle patine verte.
1118. ℞. P. M. TR. P. XV. COS. III. P. P. S. C. Éléphant marchant à droite (n. 429). M. B. B.
1119. ℞. PONTIF. TR. P. XI. COS. III. S. C. Vaisseau allant à gauche, avec cinq rameurs, un pilote et un capitaine (n. 508). M. B.

CARACALLA, S. SEVERUS et JULIA

1120. ANTONIN. PIVS AVG. PON. TR. P. V. Buste lauré de Caracalla jeune à droite, avec le paludamentum et la cuirasse. ℞. CONCORDIAE AETERNAE. Bustes accolés à droite de Sévère radié, avec le paludamentum et la cuirasse, et de Julie diadémée avec un croissant autour du cou (n. 3). OR. F. D. C.

CARACALLA et GETA

1121. ANTONINVS AVGVSTVS. Buste lauré de Caracalla jeune à droite, avec le paludamentum et la cuirasse. ℞. P. SEPT. GETA CAES. PONT. Buste nu de Géta jeune à droite, avec le paludamentum et la cuirasse (n. 2).
AR. F. D. C.

FVLVIA PLAVTILLA, femme de Caracalla

1122. ℞. PLAVTILLA AVGVSTA. Buste de Plautille à droite. ℞. CONCORDIA AVGG. La Concorde debout à gauche, tenant une patère et un sceptre (n. 1). AR. T. B.

1123. ℞. CONCORDIA FELIX. Plautille et Caracalla debout se donnant la main (n. 9). AR. T. B.

1124. ℞. CONCORDIAE AETERNAE. Même type (n. 8). AR. F. D. C.

1125. ℞. VENVS VICTRIX. Vénus à demi nue debout à gauche, tenant une pomme et une palme, appuyée sur un bouclier ; devant elle, Cupidon debout, tenant un casque (n. 18) AR. B.

GETA (198 à 211)

1126. ℞. P. SEPTIMIVS GETA CAES. Tête nue de Géta barbu à droite. ℞. PONTIF. COS. II. La Fécondité ? debout à droite, tenant un sceptre ; à ses pieds, deux enfants (n. 55). OR. T. B.

1127. ℞. NOBILITAS. Femme debout à droite, tenant un sceptre et le palladium (n. 50). AR. B.

1128. ℞. Même revers (n. 48). AR. F. D. C.

1129. ℞. PONTIF. COS. Pallas casquée debout à gauche, appuyée sur un bouclier et tenant une haste (n. 53). AR. T. B.

1130. ℞. SECVRIT. IMPERII. La Sécurité assise à gauche, tenant un globe (n. 85). AR. F. D. C.

1131. IMP. CAES. P. SEPT. GETA PIVS AVG. Tête laurée de Géta barbu à droite. ℞. PONTIF. TR. P. II. COS. II. Génie nu debout à gauche près d'un autel, tenant une patère et deux épis (n. 73). AR. T. B.

1132. ℞. PRINC. IVVENT. COS. S. C. Caracalla et Géta galopant à droite, précédés par Septime Sévère qui galope également (n. 173). M. B. T. B.

1133. AVT. KAI. ΓETAC CEB. Tête laurée de Géta à droite. ℞. ΔΗΜΑΡΧ. ΕΞ. ΥΠΑΤΟC TO. B. Aigle les ailes éployées, tenant une couronne dans son bec; dessous, une massue. POT. Frappée à Césarée.

MACRINVS (an 217, règne 14 mois)

1134. ℞. IMP. C. M. OPEL. SEV. MACRINVS AVG. Buste [radié de Macrin à droite, avec le paludamentum et la cuisasse. ℞. FIDES MILITVM. La Foi debout à gauche, entre deux enseignes militaires et en tenant deux autres (n. 13).
AR. T. B.

1135. ℞. FELICITAS TEMPORVM. La Félicité debout à gauche, tenant un caducée et une corne d'abondance (n. 7).
AR. T. B.

1136. ℞. P. M. TR. P. II. COS. P. P. L'Abondance debout à gauche, tenant des épis et la corne d'Amalthée ; à ses pieds, le modius rempli d'épis (n. 24). AR. T. B.

1137. ℞. PROVIDENTIA DEORVM. La Providence debout à gauche, tenant une baguette et une corne d'abondance ; à ses pieds, un globe (n. 49). AR. F. D. C.

1138. ℞. PONTIF. MAX. TR. P. II. COS. II. P. P. S. C. Macrin dans un quadrige au pas à gauche, couronne la Victoire (n. 112). M. B. T. B.

1139. ΑΥΤ. Μ. Ο. ϹЄΒ. ΜΑΚΡΕΙΝΟϹ. Tête laurée de Macrin à droite. ℞. ΚΙΒΥΡΙΕΩΝ. Corbeille. P. B. Cibyra, Phrygie. B.

DIADVMENIANVS (an 217)

1140. ℞. M. OPEL. DIADVMENIANVS CAES. Buste radié de Diaduménien à droite, avec le paludamentum et la cuirasse. ℞. PRINC. IVVENTVTIS. Diaduménien debout à gauche, tenant une baguette et un sceptre ; derrière lui, deux enseignes militaires (n. 5). AR. B.

1141. ℞. Même légende. Diaduménien debout à gauche regardant à droite, tenant une enseigne et un sceptre ; derrière lui, deux enseignes (n. 7). AR. F. D. C.

1142. ℞. COL. AVG. GERMENO. Aigle éployé sur un foudre. P. B. B. Germe, de Galatie.

1143. ΔΙΑΔΟΥΜЄΝΙΑΝΟϹ. C. Buste de Diaduménien à droite. ℞. ΒΥΖΑΝΤΙΩΝ. Croissant et autre. P. B. B. Bysantium, de Thrace.

ELAGABALVS (218 à 222)

1144. IMP. CAES. M. AVR. ANTONINVS AVG. Buste lauré d'Élagabale à droite, avec le paludamentum et la cuirasse. ℞. VICTOR. ANTONINI AVG. Victoire courant à droite, tenant une couronne et une palme (n. 143). OR. T. B.
1145. ℞. ADVENTVS AVGVSTI. L'empereur à cheval à gauche, levant le bras et tenant une haste (n. 3). OR. F. D. C.
1146. ℞. FIDES EXERCITVS. La Foi assise à gauche, tenant un aigle et une enseigne (n. 2). AR. B.
1147. ℞. P. M. TR. P. II. COS. II. P. P. Rome casquée assise à gauche, tenant la Victoire et une haste; derrière elle, un bouclier (n. 72). AR. T. B.
1148. ℞. P. M. TR. P. IIII. COS. III. P. P. Élagabale debout à gauche auprès d'un autel paré et allumé, tenant une patère et une massue (n. 98). AR. Q. B.
1149. ℞. INVICTVS SACERDOS AVG. Élagabale debout auprès d'un autel allumé, tenant une patère et une massue; derrière l'autel, un taureau couché; dans le champ, une étoile (n. 38). AR. T. B.
1150. ℞. SACERD. DEI SOLIS ELAGAB. Élagabale debout à droite, sacrifiant sur un autel allumé et tenant une massue; dans le champ, une étoile (n. 116). AR. T. B.
1151. ℞. SVMMVS SACERDOS AVG. Élagabale debout à gauche, sacrifiant sur un trépied, tenant une patère et un rameau; dans le champ, une étoile (n. 134). AR. F. D. C.
1152. ℞. TEMPORVM FELICITAS. La Félicité debout à gauche, tenant un caducée et une corne d'abondance (n. 137). AR. F. D. C.

JVLIA PAVLA, femme d'Elagabale

1153. IVLIA PAVLA AVG. Buste de Julia Paula à droite. ℞. CONCORDIA. La Concorde assise à gauche, tenant une patère; dans le champ, une étoile (n. 2). AR. B.

AQVILIA SEVERA, 2ᵉ femme d'Elagabale

1154. IVLIA AQVILIA SEVERA AVG. Buste d'Aquilia Sévéra à droite. ℞. CONCORDIA. La Concorde debout à droite auprès d'un autel paré et allumé, tenant une patère et une double corne d'abondance; dans le champ, une étoile (n. 1). AR. B.

1155. ℞. CONCORDIA S. C. La Concorde debout à gauche auprès d'un autel paré et allumé, tenant une patère et une double corne d'abondance; dans le champ, une étoile (n. 7). M. B. B.

JVLIA SOAEMIAS, mère d'Élagabale

1156. IVLIA SOAEMIAS AVG. Buste de Soaemias à droite. ℞. VENVS CAELESTIS. Vénus assise à gauche, tenant une pomme et un sceptre; à ses pieds, un enfant (n. 8). AR. T. B.

JVLIA MAESA, aïeule d'Élagabale

1157. IVLIA MAESA AVG. Buste diadémé de Maesa à droite, avec le croissant. ℞. PIETAS AVG. La Piété debout auprès d'un autel paré et allumé, levant la main droite et tenant une boîte à parfums (n. 13). AR. T. B.

1158. ℞. IVNO. Junon debout à gauche tenant une patère et un sceptre (n. 7). AR. B.

1159. ℞. SAECVLI FELICITAS. La Félicité debout à gauche, tenant une patère et un caducée; à ses pieds, un autel; dans le champ, une étoile (n. 17). AR. B.

1160. ΙΟΥΛΙΑ ΜΑΙϹΑ ϹΕΒ. Buste diadémé de Maesa à droite. ℞. ΛΑΟΔΙΚΕΩΝ ΝΕΩΚΟΡΩΝ ΔΟΓΜΑΤΙ ϹΥΝΚΛΗΤΟΥ. Rome assise, tournée vers la gauche, ayant sur la main droite une Victoire; le coude gauche appuyé sur son bouclier. M. B. Laodicée de Phrygie. B.

SEVERVS ALEXANDER (224 à 235)

1161. IMP. C. M. AVR. SEV. ALEXAND. AVG. Buste lauré d'Alexandre Sévère à droite, avec le paludamentum. ℞. PAX AETERNA AVG. La Paix debout à gauche, tenant une branche d'olivier et un sceptre (n. 74).
OR. F. D. C.

1162. ℞. P. M. TR. P. COS. P. P. Alexandre Sévère dans un

quadrige au pas, à gauche, tenant un rameau et un sceptre (n. 96). OR. B.

1163. ℞. VIRTVS AVG. La Valeur casquée, debout à droite, tenant une haste renversée et s'appuyant sur un bouclier (n. 214). OR. T. B.

1164. ℞. IOVI CONSERVATORI. Jupiter nu debout à gauche, le manteau déployé derrière lui, tenant un foudre et un sceptre (n. 35). AR. T. B.

1165. ℞. IOVI PROPVGNATORI. Jupiter nu, le manteau flottant, marchant à gauche et regardant en arrière, tenant un foudre (n. 40). AR. T. B.

1166. ℞. PROVIDENTIA AVG. La Providence debout à gauche, tenant deux épis et une corne d'abondance (n. 192). AR. T. B.

1167. ℞. MARS VLTOR. Mars casqué marchant à droite et tenant une haste et un bouclier (n. 68). AR. Q. B.

1168. ℞. VICTORIA AVGVSTI. Victoire debout à droite, le pied sur un casque, tenant un bouclier sur lequel elle écrit VOT. X. (n. 213). AR. T. B.

1169. ℞. VICTORIA AVG. Victoire debout à gauche, tenant une couronne et une palme (n. 204). AR. F. D. C.

1170. ℞. PERPETVITATI AVG. La Sécurité debout, tenant un globe et un sceptre et s'appuyant sur une colonne (n. 79). AR. T. B.

1171. ℞. LIB. AVG. III (à l'exergue). PONTIF. MAX. TR. P. V. COS. II. P. P. (à l'entour). Alexandre Sévère assis à gauche sur une estrade ; derrière lui, deux figures ; devant, la Libéralité debout tenant une tessère et une corne d'abondance ; au bas de l'estrade, un citoyen qui en monte les degrés (n. 272). M. B. T. B.

1172. ℞. P. M. TR. P. VIII. COS. III. P. P. S. C. Alexandre Sévère dans un quadrige au pas, tenant un sceptre surmonté d'un aigle (n. 369). M. B. B.

1173. ℞. Même légende. Alexandre Sévère tenant un rameau et accompagné de la Victoire debout dans un quadrige de face se dirigeant à gauche, et dont le cheval de droite et celui de gauche sont conduits chacun par un soldat ; sur le second plan, trois soldats tenant des hastes (n. 370). M. B. T. B.

1174. ℞. PROVIDENTIA AVG. S. C. La Providence debout à gauche auprès d'un modius, tenant deux épis et une corne d'abondance (n. 429). M. B. T. B.

1175. DIVO ALEXANDRO. Tête radiée de Sévère Alexandre à droite. ℞. CONSECRATIO. Aigle éployé de face (n. 463). Restitution de Philippe. Bil. T. B.

ORBIANA, femme de S. Alexandre

1176. SALL. BARBIA ORBIANA AVG. Buste diadémée d'Orbiana à droite. ℞. CONCORDIA AVGG. La Concorde assise à gauche, tenant une patère et une double corne d'abondance (n. 1). AR. T. B.

JVLIA MAMAEA, mère de S. Alexandre

1177. IVLIA MAMAEA AVG. Buste diadémé de Mamaea à droite. ℞. FELICITAS PVBLICA. La Félicité debout à gauche, tenant un caducée et appuyée sur une colonne (n. 5). AR. T. B.

1178. ℞. IVNO CONSERVATRIX. Junon diadémée et voilée debout à gauche tenant une patère et un sceptre ; à ses pieds, un paon (n. 11). AR. T. B.

MAXIMINVS I (235 à 238)

1179. IMP. MAXIMINVS PIVS AVG. Buste lauré de Maximin à droite, avec le paludamentum. ℞. PAX AVGVSTI. La Paix debout à gauche, tenant une branche d'olivier et un sceptre transversal (n. 14). AR. F. D. C.

1180. ℞. P. M. TR. P. II. COS. P. P. Maximin debout à gauche entre deux enseignes militaires, touchant celle de gauche et tenant une haste (n. 21). AR. F. D. C.

1181. ℞. VICTORIA AVG. Victoire courant à droite, tenant une couronne et une palme (n. 37). AR. T. B.

1182. PROVIDENTIA AVG. La Providence debout à gauche, tenant une baguette et une corne d'abondance ; à ses pieds, un globe (n. 29). AR. F. D. C.

1183. SALVS AVGVSTI. La Santé assise à gauche, donnant à manger à un serpent qui s'élance d'un autel (n. 32). AR. T. B.

1184. ℞. FIDES MILITVM. La Foi debout à gauche, tenant deux enseignes militaires (n. 8). AR. T. B.

1185. ℞. PROVIDENTIA AVG. La Providence debout à gauche, indiquant avec une baguette un globe qui est à terre et tenant une corne d'abondance; dans le champ, s. c. (n. 82). M. B. T. B.

PAVLINA, femme de Maximin

1186. DIVA PAVLINA. Buste voilé de Pauline à droite. ℞. CONSECRATIO. Pauline tenant un sceptre, assise sur un paon qui l'enlève au ciel (n. 2). AR. T. B.

MAXIMVS CÉSAR (235 à 238)

1187. IVL. VERVS MAXIMVS CAES. Buste de Maxime à droite avec le paludamentum. ℞. PIETAS AVG. Bâton d'augure, couteau, vase à sacrifice, simpulum et aspersoir (n. 1). AR. T. B.

1188. ℞. PRINC. IVVENTVTIS. Maxime debout à gauche, tenant une baguette et une haste ; derrière lui, deux enseignes militaires (n. 4). AR. B.

CORDIANVS I, AFRICANVS
(an 238, règne 45 jours)

1189. IMP. M. ANT. GORDIANVS AFR. AVG. Buste lauré de Gordien I à droite, avec le paludamentum et la cuirasse. ℞. ROMAE AETERNAE. Rome casquée assise à gauche sur un bouclier, tenant une Victoire et un sceptre (n. 6). AR. T. B.

CORDIANVS II, AFRICANVS
(an 238, règne 45 jours)

1190. IMP. M. ANT. GORDIANVS AFR. AVG. Buste lauré de Gordien II à droite, avec le paludamentum et la cuirasse. ℞. VIRTVS AVGG. La Valeur casquée debout à gauche, appuyée sur un bouclier et tenant une haste renversée (n. 6). AR. T. B.

BALBINVS (an 238, règne 3 mois)

1191. IMP. CAES. D. CAEL. BALBINVS AVG. Buste radié de Balbin à droite. ɴ. FIDES MVTVA AVGG. Deux mains jointes (n. 4).   AR. F. D. C.
1192. ɴ. VICTORIA AVG. Victoire debout à gauche, tenant une couronne et une palme (n. 13).   AR. F. D. C.

PVPIENVS (an 238, règne 3 mois)

1193. IMP CAES. M. CLOD. PVPIENVS AVG. Buste radié de Pupien à droite. ɴ. PATRES SENATVS. Deux mains jointes (n. 11).   AR. T. B.
1194. ɴ. PAX PVBLICA. La Paix assise à gauche, tenant une branche d'olivier et un sceptre (n. 14).   AR. T. B.

GORDIANVS III (238 à 244)

1195. M. ANT. GORDIANVS CAES. Buste nu de Gordien jeune à droite, avec le paludamentum. ɴ. PIETAS AVGG. Bâton d'augure, couteau de sacrificateur, vase à sacrifice, simpulum et aspersoir (n. 73).   AR. B.
1196. IMP. CAES. M. ANT. GORDIANVS AVG. Buste lauré de Gordien à droite. ɴ. FIDES MILITVM. La Foi debout à gauche, tenant une enseigne militaire et un sceptre transversal (n. 33).   OR. F. D. C.
1197. ɴ. VIRTVTI AVGVSTI. Hercule nu debout à droite, appuyé sur sa massue (n. 164).   OR. T. B.
1198. ɴ. VICTORIA AVG. Victoire marchant à gauche, tenant une couronne et une palme (n. 155).   AR. F. D. C.
1199. ɴ. PAX AVGVSTI. La Paix debout à gauche, tenant une branche d'olivier et un sceptre (n. 70).   AR. T. B.
1200. ɴ. IOVI CONSERVATORI. Jupiter nu, debout à gauche; à côté de lui, Gordien debout (n. 44).   AR. T. B.
1201. ɴ. AETERNITATI AVG. Le Soleil debout à gauche, radié, tenant un globe (n. 14).   AR. Q. B.
1202. ɴ. LIBERALITAS AVG. III. S. C. La Libéralité debout à gauche, tenant une tessère et une corne d'abondance (n. 254).   M. B. T. B.

CORDIANVS et TRANQVILLINA

1203. ΑΥΤ. Κ. Μ. ΑΝΤ. ΓΟΡΔΙΑΝΟC ΑΥ. CAB. ΤΡΑΝΚΥΛ-
ΛΕΙΝΑ. Bustes en regard de Gordien et de Tranquil-
line. ℞. ΟΥΛΠΙΑΝΩΝ ΑΓΧΙΑΛΕΩΝ. Femme debout,
tenant une patère et une corne d'abondance.
M. B. Anchialus de Thrace. T. B.

TRANQVILLINA, femme de Gordien III

1204. SABINIA TRANQVILLINA AVG. Buste diadémé de Tran-
quilline à droite avec le croissant. ℞. CONCORDIA AVGG.
Gordien debout à droite, donnant la main à Tran-
quilline debout et tenant un livre (n. 2). AR. T. B.

PHILIPPVS I (244 à 249)

1205. IMP. M. IVL. PHILIPPVS AVG. Buste lauré de Philippe à
droite. ℞. LIBERALITAS AVGG. II. La Libéralité debout
à gauche, tenant une tessère et une corne d'abondance (n. 37). OR. T. B.

1206. ℞. SAECVLVM NOVVM. Temple à six colonnes; au milieu,
la statue de Jupiter assis de face (n. 89). AR. F. D. C.

1207. ℞. AETERNITAS AVGG. Éléphant allant à gauche, monté
par un cornac (n. 11). AR. F. D. C.

1208. ℞. FIDES EXERCITVS. Quatre enseignes militaires (n. 22).
AR. T. B.

1209. ℞. SAECVLARES AVGG. Lion marchant à droite; à l'exergue, I. (n. 76). AR. T. B.

1210. ℞. SAECVLARES AVGG. Cerf marchant à droite; à l'exergue c. (n. 83). AR. F. D. C.

1211. ℞. SAECVLARES AVGG. La Louve à gauche, allaitant Romulus et Rémus; à l'exergue II (n. 80). AR. T. B.

1212. ℞. SAECVLARES AVGG. Cippe sur lequel on lit : COS III.
(n. 88). AR. T. B.

1213. ℞. SAECVLARES AVGG. Gazelle marchant à gauche; à
l'exergue, VI (n. 86). AR. T. B.

1214. ℞. AEQVITAS AVG. L'Équité debout à gauche tenant

une balance et une corne d'abondance (n. 10).

AR. T. B.

1215. ℞. ADVENTVS AVGG. Philippe à cheval, en habit militaire, levant la main droite et tenant un sceptre (n. 6). AR. T. B.

1216. ℞. PAX AETERNA S. C. La Paix debout à gauche, tenant une branche d'olivier et un sceptre (n. 170). M. B. T. B.

1217. VICTORIA AVG. S. C. Victoire marchant à gauche, tenant une couronne et une palme (n. 207). MB. B.

OTACILIA, femme de Philippe

1218. MARCIA OTACIL. SEVERA AVG. Buste diadémé d'Otacilie à droite. ℞. SECVRIT. ORBIS. La Sécurité assise à gauche, tenant un sceptre (n. 30).

OR. B. Pièce trouée.

1219. PVDICITIA AVG. La Pudeur assise à gauche, tenant un sceptre (n. 25). AR. T. B.

1220. PIETAS AVG. La Piété debout à gauche, levant la main droite et tenant une boîte à parfums (n. 15).

AR. T. B.

1221. ℞. PIETAS AVGG. La Piété debout à gauche, près d'un autel allumé; dans le champ, Δ (n. 18). AR. T. B.

PHILIPPVS filius (244 à 249)

1222. M. IVL. PHILIPPVS CAES. Buste nu de Philippe à droite, avec le Paludamentum. ℞. PRINCIPI IVVENT. Philippe en habit militaire, debout à gauche, tenant un globe et une haste (n. 28). OR. B.

1223. La même médaille (n. 32). AR. B.

1224. La même médaille, avec la tête radiée (n. 33). AR. T. B.

1225. ℞. PRINCIPI IVVENT. Philippe debout à gauche, tenant un globe et s'appuyant sur sa haste, la pointe en bas (n. 30). AR. T. B.

1226. IMP. PHILIPPVS AVG. Buste radié de Philippe à droite. ℞. SAECVLARES AVGG. Chèvre marchant à gauche; à l'exergue, III (n. 43). AR. T. B.

1227. ℞. LIBERALITAS AVGG. III. S. C. Philippe père et fils assis à gauche, tenant chacun un sceptre (n. 56). G. B. T. B.

1228. ℞. PRINCIPI IVVENTVTIS S. C. Philippe en habit militaire, debout à gauche, tenant une enseigne et une haste (n. 69). M. B. T. B.

1229. ℞. SAECVLARES AVGG. S. C. Cippe, sur lequel on lit : COS II (n. 76). M. B. T. B.

TRAJANVS DECIVS (249 à 251)

1230. IMP. C. M. Q. TRAIANVS DECIVS AVG. Buste lauré de Trajan Dèce à droite. ℞. VBERITAS AVG. La Fertilité debout à gauche, tenant une bourse et une corne d'abondance (n. 49). OR. T. B.

1231. ℞. VIRTVS AVG. La Valeur casquée assise à gauche sur une cuirasse, tenant un rameau et un sceptre (n. 55). AR. T. B.

1232. ℞. ADVENTVS AVG. Trajan Dèce à cheval à gauche, levant la main droite et tenant un sceptre (n. 6). AR. T. B.

1233. PANNONIAE. Les deux Pannonies debout, se donnant la main (n. 35). AR. T. B.

1234. ℞. S. C. Mars casqué debout à gauche, appuyé sur un bouclier et tenant une haste (n. 102). P. B. T. B.

ETRVSCILLA, femme de Dèce.

1235. HER. ETRVSCILLA AVG. Buste diadémé d'Étruscille à droite. ℞. PVDICITIA AVG. La Pudeur à gauche, ramenant son voile sur sa figure et tenant un sceptre (n. 11). OR. T. B.

1236. La même médaille, avec le buste sur un croissant (n. 12). AR. T. B.

1237. ℞. PVDICITIA AVG. La Pudeur debout à gauche, relevant son voile et tenant un sceptre (n. 10). AR.

HERENNIVS ETRVSCVS (249 à 251)

1238. Q. HER. ETR. MES. DECIVS NOB. C. Buste nu d'Hérennius à droite. ℞. PRINCIPI IVVENTVTIS. Hérennius debout à gauche, en habit militaire, tenant une baguette et une haste transversale (n. 14). OR. T. B.

1239. ℞. Même légende. Apollon à demi nu assis à gauche, tenant une branche de laurier et appuyé sur sa lyre (n. 13). AR. T. B.

1240. ℞. PIETAS AVGG. S. C. Mercure debout à gauche, tenant une bourse et un caducée (n. 29). M. B. T. B.

1241. IMP. C. Q. HER. ETR. MES. DECIO AVG. Buste radié d'Hérennius à droite. ℞. VICTORIA GERMANICA. Victoire courant à droite, tenant une couronne et une palme (n. 26). AR. T. B.

HOSTILIANVS (249 à 251)

1242. C. VALENS HOSTIL. MES. QVINTVS N. C. Buste nu d'Hostilien à droite. ℞. PRINCIPI IVVENTVTIS. Hostilien debout à gauche, en habit militaire, tenant une enseigne et une haste renversée (n. 20). OR. T. B.

1243. ℞. PRINCIPI IVVENTVTIS S. C. Apollon demi-nu assis à gauche, tenant une branche de laurier (n. 48).
M. B. T. B.

1244. C. VALENS HOSTIL. MES. QVINTVS AVG. Buste radié d'Hostilien à droite. ℞. MARTI PROPVGNATORI. Mars casqué marchant à droite, tenant une haste et un bouclier (n. 12). AR. F. D. C.

TREBONIANVS GALLVS (251 à 254)

1245. IMP. CAE. C. VIB. TREB. GALLVS. Buste radié de Trébonien à droite, avec le paludamentum et la cuirasse. ℞. CONCORDIA AVGG. La Concorde assise à gauche, tenant une patère et une double corne d'abondance; dans le champ, une étoile (n. 16). OR. B.

1246. ℞. SALVS AVGG. La Santé debout à gauche, présentant à manger à un serpent qui s'élance d'un autel et tenant un sceptre (n. 65). AR. T. B.

VOLVSIANVS (252 à 254)

1247. IMP. CAES. C. VIB. VOLVSIANO AVG. Buste lauré de Volusien à droite, avec le paludamentum. ℞. AETERNITAS AVGG. L'Éternité debout à gauche, tenant un

globe surmonté d'un phénix et relevant sa robe (n. 7).
OR. T. B.

1248. ℞. SALVS AVGG. La Santé debout à droite, tenant un serpent et une patère (n. 70). AR. T. B.

1249. ℞. VIRTVS AVGG. La Valeur casquée debout à droite, tenant une haste et appuyée sur un bouclier (n. 80). AR. T. B.

AEMILIANVS (253 à 254)

1250. IMP. AEMILIANVS PIVS FEL. AVG. Buste radié d'Émilien à droite. ℞. ROMAE AETERN. Rome casquée debout à gauche, tenant un globe surmonté d'un phénix et une haste transversale; à côté d'elle, un bouclier (n. 22). AR. F. D. C.

1251. ℞. MARTI PACIF. Mars marchant à gauche, tenant une branche d'olivier de la main droite, un bouclier et une haste de la gauche (n. 15). AR. T. B.

CORNELIA SVPERA, femme d'Emilien

1252. C. CORNELIA SVPERA AVG. Buste diadémé de Cornélia Supéra à droite avec le croissant. ℞. VESTA. Vesta debout à gauche, tenant une patère et un sceptre transversal (n. 4). AR. T. B.

VALERIANVS pater (243 à 260)

1253. IMP. C. P. LIC. VALERIANVS AVG. Buste lauré de Valérien à droite. ℞. IOVI CONSERVATORI. Jupiter nu debout à gauche avec le manteau sur l'épaule, tenant un foudre et un sceptre (n. 61). OR. T. B.

1254. ℞. ROMAE AETERNAE. Rome casquée assise à gauche sur un bouclier, tenant une Victoire et une haste (n. 122). OR. F. D. C. frappé à Antioche.

1255. ℞. FELICITAS AVGG. La Félicité debout à gauche, tenant un caducée et une corne d'abondance (n. 40). AR. B.

1256. ℞. SALVS AVGG. La Santé debout à gauche, tenant un sceptre et donnant à manger à un serpent qui s'élance d'un autel (n. 125). AR. B.

MARINIANA, femme de Valérien

1257. DIVAE MARINIANAE. Buste diadémé et voilé de Mariniane à droite avec le croissant. ℞. CONSECRATIO. Paon de face, avec la queue éployée, regardant à gauche (n. 2).
AR. T. B.

1258. ℞. CONSECRATIO. Paon volant à droite, enlevant Mariniane au ciel (n. 9). AR. B.

GALLIENVS (253 à 268)

1259. GALLIENVS AVG. Buste radié de Gallien à droite. ℞. LAETITIA AVG. La Joie debout à gauche, tenant une couronne et une ancre (n. 248). OR. F. D. C.

1260. ℞. VOT. X ET XX en quatre lignes dans une couronne de laurier (n. 710). OR. 1|2 sol B.

1261. GALLIENVS. P. F. AVG. Tête laurée de Gallien à gauche. ℞. TRIB. POT. VIII. COS. III. Mars casqué, nu, à droite, descendant auprès de Rhéa Sylvia couchée et endormie (n. 539). AR. Essai du coin de l'or.

1262. ℞. GERMANICVS MAX V. Trophée au bas duquel sont assis deux Germains, les mains liées derrière le dos (n. 187). Billon. T. B.

1263. ℞. Même revers (n. 189). BIL. T. B.

1264. ℞. VICT. GERMANICA. Victoire courant à droite, tenant une couronne et un trophée (n. 565). BIL. T. B.

1265. ℞. PROVIDENTIA AVGG. La Providence debout à gauche (n. 476). BIL. T. B.

1266. ℞. SECVRITAS AVG. La Sécurité debout, appuyée sur une colonne (n. 512). BIL. T. B.

1267. ℞. SALVS AVG. Esculape debout à gauche, tenant un bâton autour duquel est enroulé un serpent; à l'exergue, M. P. (n. 500). T. B. P. B.

SALONINA, femme de Gallien [1]

1268. SALONINA AVG. Buste diadémé de Salonine à droite. ℞. PIETAS AVGG. Salonine assise à gauche, tendant la main à deux enfants nus debout devant elle et tenant un sceptre; à côté de son siége, un troisième enfant debout (n. 59).   BIL. Q. B.

1269. ℞. VENVS FELIX. Vénus assise à gauche, tendant la main à un enfant et tenant un sceptre (n. 78).
    BIL. T. B.

1270. ℞. VESTA. Vesta assise à gauche, tenant une patère et un sceptre transversal; à l'exergue, Q. (n. 94).
    P. B. T. B.

SALONINVS (253 à 259)

1271. P. C. L. VALERIANVS NOB. CAES. Buste nu de Salonin à droite, avec le paludamentum. ℞. PRINCIPI IVVENTVTIS. Salonin en habit militaire, debout à gauche, tenant une enseigne et une haste renversée (n. 41).
    OR. T. B.

1272. La même médaille (n. 42).   BIL. Q. B.

1273. ℞. IOVI CRESCENTI. Jupiter enfant assis sur la chèvre Amalthée à droite (n. 18).   BIL. T. B.

1274. ℞. PIETAS AVG. Bâton d'augure, couteau de sacrificateur, vase à sacrifice, simpulum et aspersoir (n. 27).
    BIL. T. B.

VALERIANVS junior? (260 à 268 ?)

1275. VALERIANVS P. F. AVG. Buste radié de Valérien jeune? à droite, avec le paludamentum et la cuirasse. ℞. ORIENS AVGG. Le Soleil radié, nu, marchant à gauche, avec le manteau flottant, levant la main droite et tenant un fouet (n. 5).   BIL. T. B.

MACRIANVS junior (260 à 262)

1276. IMP. C. FVL. MACRIANVS P. F. AVG. Buste radié de Macrien jeune à droite, avec la cuirasse. ℞. SPES PVBLICA. L'Espérance marchant à gauche, tenant une fleur et relevant sa robe (n. 10).   BIL. T. B.

QVIETVS (260 à 264)

1277. IMP. C. FVL. QVIETVS P. F. AVG. Buste radié de Quiétus à droite, avec le paludamentum. ℞. INDVLGENTIA AVGG.

L'Indulgence assise à gauche, tenant une patère et un sceptre; dans le champ, une étoile; à l'exergue, o. (n. 4). BIL. B.

POSTVMVS (258 à 267)

1278. POSTVMVS PIVS FELIX AVG. Tête laurée de Postume à droite, accolée au buste lauré d'Hercule. R). FELICITAS AVG. Buste lauré de la Victoire à droite, tenant une couronne et une palme, accolé au buste diadémé de la Félicité qui tient une branche d'olivier (n. 29). OR. T. B.

1279. POSTVMVS PIVS AVG. Tête laurée de Postume à droite. R). QVINQVENALES POSTVMI AVG. Victoire debout à droite, posant le pied sur une éminence et tenant sur son genou gauche un bouclier sur lequel est écrit v. (n. 142). Trouée. OR. T. B.

1280. R). P. M. TR. P. IMP. V. COS. III. P. P. Postume assis à gauche sur une chaise curule, tenant un globe et un sceptre (n. 131). OR. B.

1281. R). HERCVLI ROMANO AVG. Arc, massue et carquois (n. 66). BIL. T. B.

1282. R). PACATOR ORBIS. Buste du Soleil radié à droite, avec le paludamentum (n. 96). P. B. T. B.

1283. R). VICTORIA AVG. Victoire marchant à gauche, tenant une couronne et une palme; à ses pieds, un captif (n. 184). Billon.

1284. R). IOVI STATORI. Jupiter nu, debout, de face, regardant à droite, tenant un sceptre et un foudre (n. 79). Bil. T. B.

LAELIANVS (267)

1285. IMP. C. LAELIANVS P. F. AVG. Buste lauré de Lélien à droite. R). TEMPORVM FELICITAS. L'Espagne couchée, tenant une branche d'olivier; derrière elle, un lapin (n. 1). OR. T. B. Mais trouée.

1286. Même légende. Buste radié de Lélien, avec la cuirasse. R). VICTORIA AVG. Victoire marchant à droite, tenan une couronne et une palme (n. 3). P. B. T. B.

VICTORINVS (265 à 267)

1287. IMP. CAES. VICTORINVS P. F. AVG. Buste lauré de Victorin à droite, avec la cuirasse. ℟. SAECVLI FELICITAS. L'Abondance debout à droite, le pied gauche posé sur une proue de navire, tenant un enfant sur son genou ; à gauche, un gouvernail (n. 62). OR. T. B.

1288. ℟. FIDES MILITVM. La Foi debout à gauche, tenant deux enseignes militaires (n. 23). P. B. T. B.

MARIVS (an 268, règne 3 jours)

1289. IMP. C. MARIVS P. F. AVG. Buste radié de Marius à droite, avec le paludamentum. ℟. SAEC. FELICITAS. La Félicité debout à gauche, tenant un caducée et une corne d'abondance (n. 13). P. B. T. B.

CLAVDIVS II (268 à 270)

1290. IMP. CLAVDIVS P. F. AVG. Buste lauré de Claude II à droite, avec le paludamentum et la cuirasse. ℟. PAX EXERC. La Paix debout à gauche, tenant une branche d'olivier et un sceptre transversal (n. 10). OR. F. D. C.

1291. ℟. MONETA AVG. Les trois Monnaies debout à gauche, tenant chacune une balance et une corne d'abondance ; au pied de chacune d'elles, un monceau de métal (n. 26). G. B. ou petit médaillon. T. B.

1292. ℟. VICTORIA AVG. Victoire marchant à droite, tenant une couronne et une palme ; à l'exergue, s. (n. 213). P. B. T. B.

1293. ℟. REQVIES OPTIMOR. MERIT. Claude II voilé, assis sur une chaise curule, tenant une Victoire et un parazonium ; à l'exergue, R. Q (n. 176). P. B. T. B.

QVINTILLVS (an 270, règne 17 jours)

1294. IMP. C. M. AVR. CL. QVINTILLVS AVG. Buste radié de Quintillus à droite. ℟. FIDES MILITVM. La Foi debout à gauche, tenant une enseigne militaire et une haste (n. 22). P. B. T. B.

AVRELIANVS (270 à 275)

1295. IMP. C. DOM. AVRELIANVS AVG. Buste lauré d'Aurélien à droite, avec la cuirasse et l'égide. ℞. FIDES MILIT. La Foi debout à gauche, tenant deux enseignes militaires; à l'exergue, s. (n. 12). OR. T. B.

1296. SOL. DOMINVS IMPERI. ROMANI. Buste nu d'Aurélien ou d'Apollon à droite. ℞. AVRELIANVS AVG. CONS. Aurélien en habit militaire debout à gauche, sacrifiant sur un trépied allumé et tenant un sceptre (n. 40).
M. B. F. D. C.

1297. ℞. ORIENS AVG. Le Soleil radié, debout à gauche, à ses pieds, un captif assis (n. 131). P. B. T. B.

1298. ℞. VICTORIA AVG. Victoire marchant à gauche, tenant une couronne et une palme; devant elle, un captif assis (n. 200). P. B. T. B.

SEVERINA, femme d'Aurélien

1299. SEVERINA AVG. Buste diadémé de Sévérine à droite, avec le croissant. ℞. CONCORDIAE MILITVM. La Concorde debout à gauche, tenant deux enseignes (n. 5).
P. B. T. B.

1300. ℞. VENVS FELIX. Vénus debout à gauche, tenant une statuette et un sceptre (n. 14). P. B. T. B.

VABALATHVS, fils de Zénobie

1301. VABALATHVS V. C. R. IM. D. R. Buste lauré de Vabalathe à droite, avec le paludamentum. ℞. IMP. C. AVRELIANVS AVG. Buste radié d'Aurélien à droite, avec la cuirasse; à l'exergue, Є (n. 1). P. B. T. B.

TETRICVS pater (268 à 273)

1302. IMP. C. TETRICVS P. F. AVG. Buste lauré de Tétricus père à droite, avec la cuirasse. ℞. VIRTVS AVG. La Valeur casquée assise à gauche sur une cuirasse, tenant un rameau et une haste (n. 34). OR. T. B.

1303. ℞. HILARITAS AVG. L'Allégresse debout à gauche, tenant une palme et une corne d'abondance (n. 63).   P. B. T. B.

TETRICVS junior (269 à 273)

1304. C. PIV. ESV TETRICVS CAES. Buste radié de Tétricus fils à droite, avec le paludamentum. ℞. SPES AVGG. L'Espérance marchant à gauche, tenant une fleur et relevant sa robe (n. 47).   P. B. T. B.

TACITVS (an 275, règne 6 mois)

1305. IMP. CL. TACITVS AVG. Buste lauré de Tacite à droite, avec le paludamentum et la cuirasse. ℞. ROMAE AETERNAE. Rome casquée assise à gauche, tenant un globe et une haste ; à côté du siége, un bouclier (n. 9).   OR. T. B.

1306. ℞. VICTORIA AVG. Victoire debout à gauche, tenant une couronne et une palme (n. 125).   P. B. Q. B.

1307. ℞. FIDES MILITVM. La Foi debout à gauche, tenant deux enseignes militaires (n. 61).   P. B. T. B.

1308. ℞. FELICITAS SAECVLI. La Félicité debout à gauche, tenant une patère et un caducée (n. 52).   P. B. T. B.

FLORIANVS (276, règne 3 mois)

1309. IMP. C. M. ANN. FLORIANVS AVG. Buste lauré de Florien à droite, avec le paludamentum. ℞. SECVRITAS AVG. S. C. La Sécurité debout à gauche, les jambes croisées, tenant un sceptre et s'appuyant sur une colonne (n. 69).   M. B. belle patine verte T. B.

1310. ℞. PROVIDEN. AVG. La Providence debout à gauche, tenant une baguette et un sceptre ; à ses pieds, un globe ; à l'exergue STI (n. 58).   P. B. T. B.

1311. ℞. FIDES MILITVM. La Foi debout à gauche, tenant un sceptre et une enseigne militaire (n. 28).   P. B. T. B.

PROBVS (276 à 282)

1312. IMP. C. M. AVR. PROBVS P. AVG. Buste lauré de Probus à gauche, avec la cuirasse. ℞. CONSERVAT. AVG. Le

Soleil radié, à demi nu, debout à gauche, le manteau sur l'épaule, levant la main droite et tenant un globe (n. 15). OR. B.

1313. IMP. PROBVS. AVG. Buste lauré de Probus à droite, à mi-corps, avec la cuirasse et l'égide ornée de la tête de Méduse et tenant une tête d'aigle. ℞. MONETA AVG. Les trois Monnaies debout à gauche, tenant chacune une balance et une corne d'abondance; à leurs pieds, des monceaux de métal (n. 70).
Br. Médaillon, mod. 12. T. B.

1314. IMP. C. PROBVS. INVIC. P. F. AVG. Buste lauré de Probus à droite, à mi-corps, avec le paludamentum et la cuirasse, armé d'une haste et d'un bouclier et accolé à la tête du Soleil, surmontée de deux rayons. ℞. Même revers. Des trois Monnaies (n. 77).
Br. Médaillon, mod. 11. T. B.

1315. IMP. PROBVS P. F. AVG. Buste lauré de Probus à gauche, avec l'égide ornée de la tête de Méduse, tenant une épée et un bouclier représentant l'empereur à cheval, précédé par la Victoire et un captif sous les pieds du cheval. ℞. Même revers. Des trois Monnaies (n. 72).
Br. Médaillon, mod. 10. T. B.

1316. PROBVS AVG. Buste casqué de Probus à gauche, avec la cuirasse, tenant une haste et un bouclier sur lequel on voit l'empereur terrassant trois captifs. ℞. Même revers. Des trois Monnaies (n. 90).
Br. Médaillon, mod. 9. T. B.

1317. ℞. FIDES MILITVM. La Foi debout à gauche, tenant deux enseignes militaires (n. 268). M. B. T. B.

1318. ℞. VIRTVS AVG. Probus à cheval à droite, étendant la main; sous le cheval, un captif terrassé (n. 620).
P. B. Q. T. B.

1319. ℞. VICTORIA GERM. Trophée entre deux captifs assis à terre, les mains liées derrière le dos (n. 576).
P. B. Q. T. B.

1320. ℞. MARTI PACIF. Mars courant à gauche, tenant une branche d'olivier, une haste et un bouclier (n. 323).
P. B. T. B.

1321. ℞. VICTORIA AVG. Victoire marchant à gauche, tenant une couronne et portant un trophée (n. 560). P. B. T. B.

CARVS (282-283)

1322. IMP. C. M. AVR. CARVS P. F. AVG. Buste lauré de Carus à droite, avec le paludamentum et la cuirasse. ℞. VIRTVS CARI INVICTI AVG. Hercule nu debout, la main droite posée sur la hanche et appuyé sur sa massue qui est enveloppée de la peau de lion et placée sur un rocher (n. 19). OR. B.
1323. ℞. VICTORIA AVGG. Victoire debout à gauche sur un globe, tenant une couronne et une palme; de chaque côté, un captif assis à terre (n. 86). P. B. T. B.
1324. ℞. CONSECRATIO. Aigle debout, regardant à droite; à l'exergue, IIII. (n. 37). P. B. T. B.
1325. ℞. PAX AVGG. La Paix debout à gauche, tenant une branche d'olivier et un sceptre (n. 55). P. B. T. B.
1326. ℞. Même revers, sans lettre dans le champ (n. 54). P. B. T. B.
1327. ℞. VICTORIA AVGG. Victoire debout à gauche sur un globe, tenant une couronne et une palme; de chaque côté, un captif assis à terre (n. 84). P. B. T. B.

NVMERIANVS (282 à 284)

1328. IMP. C. M. AVR NVMERIANVS AVG. Buste lauré de Numérien à droite, avec le paludamentum. ℞. VICTORIAE AVGG. Victoire allant à droite, tenant une couronne et une palme; à l'exergue, SMA. OR. Inédite. T. B.
1329. ℞. ORIENS AVGG. Le Soleil radié, à demi nu, regardant à gauche, levant la main droite et tenant un globe. Inédite. P. B. B.
1330. ℞. PAX AVGG. La Paix debout à gauche, tenant une branche d'olivier et un sceptre; dans le champ, B. 2 pièces dont une inédite. P. B. T. B.
1331. ℞. PRINCIPI IVVENTVT. Numérien debout à gauche, tenant une baguette et un sceptre transversal (n. 61). P. B. T. B.

CARINVS (282 à 285)

1332. ℞. M. AVR. CARINVS NOB. CAES. Buste lauré de Carin à droite, avec la cuirasse. ℞. VICTORIA AVG. Victoire debout à gauche sur un globe, tenant une couronne et un trophée (n. 21). OR. B.

1333. ℞. PRINCIPI IVVENTVT. Carin en habit militaire, debout à gauche, tenant un globe et un sceptre (n. 99).
P. B. T. B.

1334. ℞. SAECVLI FELICITAS. Carin en habit militaire, debout à droite, tenant une haste et un globe (n. 116).
P. B. T. B.

1335. ℞. IMP. CARINVS P. F. AVG. Buste radié de Carin à droite. ℞. VICTORIA AVGG. Victoire marchant à gauche, tenant une couronne et une palme (n. 126).
P. B. T. B.

1336. ℞. GENIVS EXERCITI. Génie à demi nu, debout à gauche, tenant une patère et une corne d'abondance (n. 70).
P. B. T. B.

MAGNIA VRBICA, femme de Carinus

1337. ℞. MAGNIA VRBICA AVG. Buste diadémé de Magnia Urbica à droite. ℞. VENERI VICTRICI. Vénus diadémée debout à droite, tenant un globe (n. 3). OR. T. B.

1338. ℞. VENVS GENETRIX. Vénus debout à gauche, tenant une pomme et un sceptre (n. 10). P. B. B.

JVLIANVS, tyran (283)

1339. ℞. IMP. C. IVLIANVS P. F. AVG. Buste lauré de Julien à droite, avec le paludamentum et la cuirasse. ℞. LIBERTAS PVBLICA. La Liberté debout à gauche, tenant un bonnet et une corne d'abondance ; dans le champ, une étoile (n. 1). OR. T. B.

1340. ℞. FELICITAS TEMPORVM. La Félicité debout à gauche, tenant un caducée et un sceptre ; dans le champ, SB ; à l'exergue, XXI (n. 2). P. B. T. B.

DIOCLETIANVS (284 à 305)

1341. IMP. C. C. VAL. DIOCLETIANVS. P. F. AVG. Buste lauré de Dioclétien à droite, avec le paludamentum et la cuirasse. R). IOVI CONSERVAT. AVGG. Jupiter nu, debout à gauche, tenant un foudre et un sceptre (n. 32).
OR. F. D. C.

1342. R). IOVI CONSERVATORI AVG. Même revers; dans le champ, o.; à l'exergue, SMA. (n. 55). OR. F. D. C.

1343. R). IOVI CONSERVATORI. Même revers (n. 48). OR. T. B.

1344. R). XX. DIOCLETIANI. AVG. SMAQ. dans une couronne de laurier (n. 102). OR. T. B.

1345. R). VICTORIAE SARMATICAE. Porte de camp, avec les battants ouverts et surmontée de quatre tourelles (n. 86). AR. F. D. C.

1346. R). VICTORIA SARMAT. Quatre soldats sacrifiant sur un trépied, devant la porte d'un camp (n. 84).
AR. F. D. C.

1347. R). VICTORIAE SARMATICAE. Même revers. A l'exergue, SMNΓ (n. 85). AR. T. B.

1348. R). VIRTVS MILITVM. Quatre soldats sacrifiant sur un trépied devant la porte d'un camp (n. 90). AR. B.

1349. R). IMP. C. C. VAL. DIOCLETIANVS P. F. AVG. Buste lauré de Dioclétien à droite, avec le paludamentum et la cuirasse. R). MONETA AVGG. Les trois Monnaies debout (n. 109). Br. Médaillon, mod. 11. T. B.

1350. R). Même légende. Buste lauré de Dioclétien à gauche, avec le manteau impérial, tenant un sceptre surmonté d'un aigle. R). MONETA AVGG. Les trois Monnaies (n. 119). Br. Médaillon, mod. 10. T. B.

1351. R). IOVI CONS. CAES. Jupiter nu, debout à gauche, tenant un sceptre et un globe surmonté d'une Victoire; (n. 216). M. B. T. B.

1352. R). PROVIDENTIA DEORVM QVIES AVGG. Femme debout à droite, levant la main et s'appuyant sur un sceptre; en face d'elle, la Providence debout, tenant des épis (n. 311). M. B. T. B.

1353. R). FELIX ADVENT. AVGG. NN. L'Afrique debout à gauche,

tenant un étendand et une défense d'éléphant ; à ses pieds, un lion (n. 151). M. B. T. B.
1354. ℞. GENIO POPVLI ROMANI. Génie coiffé du modius, debout à gauche, à demi nu, tenant une patère et une corne d'abondance ; quatre pièces d'ateliers différents (n. 176). M. B T. B. et F. D. C.
1355. ℞. IOVI CONSERVAT. AVGG. Jupiter debout à gauche, à ses pieds, un aigle (n. 246). P. B. T. B.
1356. Même légende et même type (n. 229). P. B. Q. T. B.

MAXIMIANVS HERCVLES (285 à 305)

1357. MAXIMIANVS AVGVSTVS. Tête laurée de Maximien à droite. ℞. CONSVL V. P. P. PRO COS. * Maximien lauré et en toge, debout à gauche, tenant un globe ; à l'exergue, SMAZ (n. 20). OR. F. D. C.
1358. ℞. IOVI CONSERVAT. Jupiter debout à gauche, tenant un foudre et une haste ; à l'exergue, IΩS (n. 55).
OR. T. B.
1359. VIRTVS MILITVM. Porte de camp ouverte, sans battants et surmontée de trois tourelles ; à l'exergue, PTR (n. 101). AR.
1360. Même légende et même type sans battants et surmontée de quatre tourelles ; à l'exergue, RS (n. 102).
AR. Q. F. D. C.
1361. ℞. VICTORIA SARMAT. Quatre soldats sacrifiant sur un trépied devant la porte d'un camp (n. 81). AR. T. B.
1362. ℞. XCVI dans une couronne de laurier (n. 111).
AR. F. D. C
1363. IMP. C. M. AVR. VAL. MAXIMIANVS P. F. AVG. Tête de Maximien à gauche, coiffée de la peau de lion nouée sous le cou. ℞. MONETA IOVI ET HERCVLI AVGG. La Monnaie debout de face, regardant à gauche, tenant une balance et une corne d'abondance, entre Jupiter debout avec le manteau sur l'épaule gauche, tenant un sceptre et un foudre, et Hercule aussi debout, ayant la peau de lion sur le bras gauche, s'appuyant sur sa massue et tenant une pomme ; aux pieds de la Monnaie, un monceau de métal (n. 126).
Br. Médaillon. Mod. 12. T. B.

1364. ℞. PROVIDENTIA DEORVM QVIES AVGG. La Providence debout à droite, en face d'une femme debout (le Repos) qui tient un rameau et un sceptre (n. 367).
M. B. T. B. 2 pièces d'ateliers différents.

1365. ℞. SALVIS AVGG. ET CAESS. FEL. KART. Femme debout à gauche, tenant de chaque main des fruits d'espèces différentes (n. 385). M. B. T. B.

1366. ℞. GENIO POP. ROM. Génie tourelé, à demi nu, debout à gauche, tenant une patère et une corne d'abondance (n. 204). M. B. T. B.

1367. ℞. GENIO POPVLI ROMANI. Génie coiffé du modius, tenant une patère et une corne d'abondance (n. 222).
M. B. T. B. 2 pièces d'ateliers différents.

1368. ℞. VOT. XXX AVGG. Dans une couronne de laurier (n. 462 et ℞. n. 463). P. B. Q. T. B.

1369. ℞. VOT. XX. AVGG. Dans une couronne de laurier (n. 462). P. B. Q. T. B.

1370. ℞. IOVI CONSERVAT. AVGG. Jupiter nu, debout, à gauche, tenant un foudre et un sceptre (n. 302). P. B. Q T. B.

1371. ℞. MEMORIA AETERNAE. Lion marchant à droite (n. 325). Deux pièces variées. P. B. Q. T. B.

1372. ℞. MEMORIA AETERNAE. Aigle debout regardant à gauche (n. 323). P. B. Q. T. B.

CARAVSIVS, tyran (287 à 293)

1373. IMP. C. CARAVSIVS P. F. AVG. Buste radié de Carausius à droite, avec le paludamentum. ℞. PAX AVGG. La Paix debout à gauche, tenant une branche d'olivier et un sceptre (n. 187). P. B. T. B.

1374. ℞. FORTVNA RED. La Fortune debout à gauche, appuyée sur un bouclier et tenant une corne d'abondance (n. 98). P. B. T. B.

ALLECTVS, tyran (294 à 297)

1375. IMP. C. ALLECTVS P. F. AVG. Buste radié d'Allectus à droite, avec la cuirasse. ℞. PROVIDENTIA AVG. La Providence debout à gauche, tenant un globe et une corne d'abondance (n. 43). P. B. T. B.

1376. ℞. VIRTVS AVG. Vaisseau à la voile, avec des rameurs à l'exergue, Q. C (n. 62). P. B. T. B.

DOMITIVS DOMITIANVS (ACHILLÉE) (an 292)

1377. IMP. C. L. DOMITIVS DOMITIANVS AVG. Tête laurée d'Achillée à droite. ℞. GENIO POPVLI ROMANI. Génie à demi nu, debout à gauche, coiffé du modius, tenant une patère et une corne d'abondance; à ses pieds, un aigle; dans le champ, A ; à l'exergue, ALE (n. 1).
M. B. F. D. C. Belle patine.

CONSTANTIVS I CHLORVS (292 à 305)

1378. CONSTANTIVS NOB. CAES. Tête laurée de Constance I à droite. ℞. HERCVLI CONS. CAES. Hercule nu, debout, de face, regardant à gauche, appuyé sur sa massue et tenant trois pommes, la peau de lion suspendue à son bras gauche; à l'exergue, SMIZ (n. 20). OR. F. D. C.

1379. ℞. VIRTVS MILITVM. Quatre soldats sacrifiant sur un trépied devant la porte d'un camp (n. 56).
AR. F. D. C.

1380. ℞. XCVI dans une couronne de laurier (n. 69).
AR. F. D. C.

1381. ℞. VICTORIA SARMAT. Quatre soldats sacrifiant sur un trépied devant la porte d'un camp (n. 47). AR. T. B.

1382. ℞. GENIO POPVLI ROMANI. Génie à demi nu, debout à gauche, tenant une patère et une corne d'abondance (n. 112). M. B. T. B. 5 pièces d'ateliers différents.

1383. ℞. PRINCIPI IVVENTVT. Constance I en habit militaire, debout à gauche, tenant une enseigne et un sceptre. Inédite. P. B. Quinaire.

1384. ℞. SACRA MONETA AVGG. ET CAESS. NOSTR. La Monnaie debout à gauche, tenant une balance et une corne d'abondance (n. 229). M. B. T. B.

1385. ℞. MEMORIA FELIX. Autel allumé et entouré de guirlandes, avec un aigle de chaque côté de la base (n. 184). M. B. T. B.

1386. MEMORIAE AETERNAE. Aigle éployé de face, regardant à gauche, à l'exergue R. T (n. 189). P. B. Q. T. B.

HELENA, femme de Constance Chlore

1387. FL. HELENA AVGVSTA. Buste d'Hélène à droite, avec un diadème de perles. ℞. SECVRITAS REIPVBLICE. La Sécurité ou Hélène voilée debout à gauche, tenant une branche d'olivier baissée et soutenant sa robe; à l'exergue, SMN (n. 1). OR.

1388. ℞. Étoile dans une couronne; à l'exergue, TSA (n. 8). P. B. B.

1389. ℞. PAX PVBLICA. La Paix debout à gauche, tenant une branche d'olivier et un sceptre (n. 4). P. B. Q.

1390. ℞. SECVRITAS REIPVBLICAE. La Sécurité ou Hélène voilée, debout à gauche, tenant une branche d'olivier et relevant sa robe; à l'exergue, STR (n. 7).
P. B. T. B. 4 pièces variées.

THEODORA, 2e femme de Constance

1391. FL. MAX. THEODORA AVG. Buste lauré de Théodora à droite. ℞. PIETAS ROMANA. La Piété ou Théodora debout, de face, regardant à droite, tenant un enfant (n. 1). P. B. Q. T. B.

GALERIVS MAXIMIANVS (292   305)

1392. MAXIMIANVS CAESAR. Tête laurée de Galère Maximien à droite. ℞. IOVI CONSERVATORI. Jupiter nu, debout à gauche, le manteau déployé derrière lui, tenant un foudre et un sceptre; à l'exergue, SMAQ. (n. 11).
OR. T. B.

1393. ℞. VIRTVS MILITVM. Porte de camp, avec ses battants ouverts, surmontée de quatre tourelles; sur le fronton, une étoile (n. 36). AR. F. D. C.

1394. ℞. VIRTVS MILITVM. Quatre soldats sacrifiant sur un trépied devant la porte d'un camp (n. 30). AR. T. B.

1395. ℞. VICTORIA SARMAT. Quatre soldats sacrifiant sur un trépied devant la porte d'un camp; à l'exergue, une massue (n. 23). AR. T. B.

1396. ℞. GENIO POPVLI ROMANI. Génie coiffé du modius, debout à gauche, tenant une patère et une corne d'abondance (n. 99). M. B. T. B. 3 pièces d'ateliers différents.

1397. ℟. SACRA MONET. AVGG. ET CAES. NOSTR. La Monnaie debout à gauche, tenant une balance et une corne d'abondance (n. 157). M. B. T. B.

1398. ℟. MONETA SACRA AVGG. ET CAES. NN. Même type (n. 133). M. B. T. B.

VALERIA, femme de Galère

1399. GAL. VALERIA AVG. Buste diadémé de Valérie à droite. ℟. VENERI VICTRICI. Vénus debout à gauche, tenant une pomme et soulevant son voile; à l'exergue, SMN. (n. 1). Trouée. OR. T. B.

1400. ℟. Même revers. Dans le champ, V-A, et à l'exergue, SIS. (n. 5). M. B. B.

1401. Même pièce. Coiffure variée; dans le champ, APP; et à l'exergue, ALE. B.

1402. Autre variété. Dans le champ, Δ|⁚; à l'exergue, MKV. B.

1403. Autre variété. Dans le champ, B; à l'exergue, ANT.

SEVERVS II (305 à 307)

1404. SEVERVS AVGVSTVS. Tête laurée de Sévère II à droite. ℟. HERCVLI VICTORI NK. Hercule nu, debout à droite, appuyé sur sa massue, tenant de la main gauche la peau de lion et cinq pommes; à l'exergue, SMN. (n. 12). OR. T. B.

1405. ℟. PERPETVITAS AVGG. Rome casquée, assise à gauche (n. 42). M. B. T. B.

1406. ℟. VIRTVS AVGG. ET CAESS. NN. La Valeur debout à gauche, à ses pieds, un captif assis (n. 51). M. B. T. B.

1407. ℟. FIDES MILITVM AVGG. ET CAESS. NN. La Foi assise à gauche, tenant deux enseignes militaires (n. 22). M. B. T. B.

1408. ℟. FIDES MILITVM AVGG. ET CAESS. NN. La Foi debout à gauche, tenant deux enseignes militaires (n. 23). M. B. T. B.

1409. ℞. genio popvli romani. Génie à demi nu debout à gauche, tenant une patère et une corne d'abondance (n. 37). M. B. T. B. 3 pièces d'ateliers différents.
1410. ℞. principi ivventvtis. Sévère en habit militaire, debout à droite, tenant une haste et un globe (n. 44).
P. B. Q.

MAXIMINVS II DAZA (305 à 313)

1411. maximinvs nob. caes. Tête laurée de Maximin Daza à droite. ℞ sole invicto. Le Soleil ? radié, en robe longue, debout à gauche, levant la main droite et tenant de la gauche la tête de Sérapis ; dans le champ Δ ; à l'exergue, ale (n. 37). OR. Variété inédite. T. B.
1412. ℞. soli invicto nk. Le Soleil radié, nu, debout, de face, avec le manteau déployé derrière lui, regardant à droite, levant la main et tenant un fouet ; à l'exergue, smn (n. 18 et 19). OR. T. B.
1413. genio popvli romani. Génie à demi nu, debout à gauche, tenant une patère et une corne d'abondance (n. 101).
M. B. T. B.
1414. imp. maximinvs p. f. avg. Buste lauré de Maximin Daza à droite, avec la cuirasse. ℞. s. p. q. r. optimo principi. Aigle légionnaire entre deux enseignes militaires (n. 151). P. B. T. B.

MAXENTIVS (306 à 312)

1415. maxentivs p. f. avg. Tête laurée de Maxence à droite. ℞. temporvm felicitas avg. n. La louve à gauche, allaitant Romulus Rémus et les regardant ; à l'exergue, p. ostr (n. 19). AR. T. B.
1416. ℞. victoria aeterna avg. n. Victoire debout à droite, écrivant vot x sur un bouclier placé sur un cippe ; derrière, un captif assis (n. 93). P. B. T. B.
1417. ℞. aeternitas avg. n. Castor et Pollux nus tenant leurs chevaux par le frein, entre eux la louve allaitant Romulus et Rémus (n. 36). M. B. T. B.

ROMVLVS, fils de Maxence

1418. ℞. imp. maxentivs divo romvlo nv. filio. Tête nue de Romulus à droite. ℞. aeternae memoriae. Temple à

six colonnes, à coupole ronde, avec les portes entr'ouvertes ; au-dessus, un aigle ; à l'exergue, APΓ (n. 5).
M. B. T. B.

1419. ℞. DIVO ROMVLO NVBIS CONS. Tête nue de Romulus à droite. ℞. Même revers (n. 10). P. B. T. B.

ALEXANDER, tyran (311)

1420. ℞. IMP. ALEXANDER. P. F. AVG. Tête laurée d'Alexandre à droite. ℞ VICTORIA ALEXANDRI AVG. N. Victoire marchant à gauche, tenant une couronne et une palme ; à l'exergue, PK (n. 12). M. B. B.

LICINIVS pater (307 à 323)

1421. LICINIVS AVG. OBDV. FILII SVI. Buste de Licinius père, nu, de face, avec le paludamentum. ℞. IOVI CONS. LICINI. AVG. Jupiter assis de face sur un cippe, tenant une Victoire et un sceptre ; à ses pieds, un aigle qui tient une couronne en son bec ; sur la base, SIC X, SIC XX ; à l'exergue, SMNЄ (n. 18). OR. F. D. C.

1422. ℞. LICINIVS AVGVSTVS. Tête laurée de Licinius à droite. ℞. IOVI CONSERVATORI AVGG. Jupiter nu, debout à gauche, tenant un sceptre et une Victoire sur un globe ; à ses pieds, un aigle tenant une couronne en son bec ; à l'exergue SMN. (n. 16). OR. B.

1423. ℞. IOVI CONSERVATORI AVG. Aigle emportant Jupiter assis sur lui et qui tient un foudre et un sceptre (n. 13). Billon. B.

1424. ℞. SAPIENTIA PRINCIPIS. Autel en travers duquel est posée une haste et surmonté d'une chouette ; à gauche, un casque (n. 130). P. B. Q. B.

1425. ℞ VOT. XX. MVLT. XXX. TSA. dans une couronne de laurier (n. 160). P. B. T. B.

1426. ℞. GENIO IMPERATORIS. Génie, debout à gauche, tenant une patère et une corne d'abondance (n. 62).
M. B. T. B.

1427. ℞. D. N. LICINI AVGVSTI. Couronne de laurier dans laquelle on lit VOT. XX. (n. 41). P. B.

1428. ℞. PROVIDENTIAE AVG. Porte de camp surmontée de trois tourelles (n. 123). P. B. T. B.

1429. ℞. VIRTVS EXERCIT. Étendard entre deux captifs assis; sur l'étendard, VOT. XX (n. 150). P. B. T. B.

LICINIVS filius (317 à 326)

1430. D. N. VAL. LICIN. LICINIVS NOB. C. Buste casqué de Licinius fils à gauche, tenant une haste et un bouclier. ℞. IOVI CONSERVATORI. Jupiter nu debout à gauche, tenant une Victoire sur un globe, à ses pieds, un aigle et un captif assis (n. 25).
P. B. T. B. 2 pièces variées.

CONSTANTINVS I MAGNVS (305 à 337)

1431. CONSTANTINVS NOB. C. Tête laurée de Constantin à droite. ℞. PRINCIPI IVVENTVT. Constantin en habit militaire, debout à gauche, tenant une enseigne et un sceptre; dans le champ, EЭ; à l'exergue, PR. (n. 82).
OR. Variété. B.

1432. Sans légende. Tête diadémée de Constantin à droite. ℞. VICTORIA CONSTANTINI AVG. Victoire assise à droite sur une cuirasse et un bouclier, écrivant VOT. XXX. sur un bouclier que lui présente un génie; à l'exergue, SMNM. (n. 131). OR. T. B.

1433. CONSTANTINVS P. F. AVG. Tête laurée de Constantin à droite. ℞. SOLI COMITI AVG. Le Soleil radié, demi-nu, debout à droite, présentant un globe surmonté d'une Victoire à Constantin, debout, en toge; entre eux, un captif à genoux; à l'exergue, SMT. (n. 99). OR. T. B.

1434. ℞. S. P. Q. R. OPTIMO PRINCIPI. Trois enseignes militaires à l'exergue, PTR. (n. 104). OR. T. B.

1435. ℞. CONSTANTINVS AVG. Quatre enseignes militaires; à l'exergue, SMN. (n. 4). AR. T. B. Médaillon.

1436. ℞. VIRTVS EXERCITVS. Figure militaire, debout à droite, tenant une haste et un bouclier; à l'exergue, CONS. IA. (n. 32). AR. T. B. Médaillon.

1437. ℞. VIRTVS MILITVM. Porte de camp ouverte et surmontée de quatre tourelles ; à l'exergue, PTR. (n. 150).

AR. F. D. C.

1438. ℞. VIRTVS MILITVM. Porte de camp ouverte, sans battants, surmontée de quatre tourelles ; à l'exergue, PTR. (n. 150). AR. F. D. C.

1439. ℞. VIRTVS MILITVM. Porte de camp, sans battants, surmontée de quatre tourelles ; à l'exergue, TR. (n. 152).

AR. Q. T. B.

1440. ℞. VICTORIAE LAETAE PRINC. PERP. Deux Victoires debout posant un bouclier sur un cippe, sur lequel on lit VOT. P. R. (n. 136). P. B. T. B.

1441. CONSTANTINVS MAX. AVG. Buste diadémé de Constantin à droite, avec le paludamentum et la cuirasse. ℞. GLORIA SAECVLI VIRTVS CAESS. Constantin fils debout à droite, tenant un trophée et présentant à son père, qui est assis sur une cuirasse et tient un sceptre, un globe surmonté d'un phénix ; à ses pieds, une panthère courbée ; à l'exergue, PR. (n. 164).

Mod. 11-12, Br. Médaillon. T. B.

1442. ℞. PRINCIPI IVVENTVTIS. Constantin en habit militaire, debout à gauche, tenant deux enseignes (n. 423).

M. B. T. B.

1443. ℞. LIBERTAS PVBLICA. Victoire debout sur une galère, tenant une couronne de chaque main (n. 357).

P. B. T. B.

1444. ℞. VOTA PVBLICA. Isis debout à gauche, tenant un sistre et un seau (n. 553). P. B. Q. T. B.

1445. ℞. SAPIENTIA PRINCIPIS. Autel surmonté d'une chouette ; en travers, une haste ; à gauche, un bouclier ; à droite, un casque (n. 450). P. B. Q. T. B.

1446. ℞. MARTI PATRI PROPVGNATORI. Mars casqué, nu, à droite combattant (n. 391). M. B. T. B.

1447. ℞. MARTI CONSERVATORI. Mars debout à droite, s'appuyant sur son bouclier (n. 372). P. B. T. B.

1448. ℞. BEATA TRANQVILLITAS. Autel surmonté d'un globe ; sur l'autel, VOTIS XX (n. 194). P. B. T. B.

1449. ℞. SARMATIA DEVICTA. Victoire marchant à droite, tenant un trophée devant elle, un captif assis (n. 451)

P. B. T. B.

1450. ℞. SOLI INVICTO COMITI. Le Soleil radié, à demi nu, debout à gauche (n. 471). P. B. T. B.

1451. ℞. D. N. CONSTANTINI MAX. AVG. Autour d'une couronne dans laquelle on lit VOT. XX (n. 246). P. B. T. B.

1452. ℞. Constantin dans un quadrige au galop à droite, tendant la main à une autre main qui descend d'en haut pour le recevoir (n. 568). P. B. Q. T. B.

CONSTANTINOPLE

1453. CONSTANTINOPOLIS. Buste de Constantinople à gauche, avec le casque lauré et le manteau impérial, tenant un sceptre. ℞. VICTORIA AVG. Vaisseau allant à droite, monté par le capitaine assis à la proue et cinq rameurs; à la poupe, l'acrostolium et trois enseignes militaires; à la proue, la Victoire debout tenant une couronne et une palme (n. 4). Br. Médaillon. T. B.

ROME

1454. VRBS. ROMA. Buste casqué de Rome à gauche, avec le manteau impérial. ℞. VIRTVS AVG. Constantin debout à droite en habit militaire, tenant une haste transversale et un globe; à terre, deux captifs assis (n. 3). Br. Médaillon. T. B.

LE PEUPLE ROMAIN

4 55. POP. ROMANVS. Buste de jeune homme lauré à gauche, ayant derrière lui une corne d'abondance. ℞. Pont surmonté de deux tours; dessous, deux bateaux et de l'eau; dans le champ, en haut, CONS. (n. 1). P. B. Q. T. B.

1456. Même tête et même légende. ℞. Étoile dans une couronne de laurier, dans le champ, CONSIA. (n. 2). P. B. T. B.

FLAVIA MAXIMA FAVSTA, femme de Constantin

1457. FLAV. MAX. FAVSTA AVG. Buste de Fausta à droite, coiffé en cheveux. ℞. SALVS REIPVBLICAE. Fausta debout, de face, regardant à gauche, tenant Constantin II et Constance dans ses bras; à l'exergue, SMN. (n. 2). OR. T. B.

1458. La même médaille; à l'exergue, BSIS. (n. 15).
P. B. Variété. 2 pièces T. B.

1459. Sans légende. Buste diadémé de Fausta? à droite. R). K. dans le champ (n. 5). AR. F. D. C.

1460. Médaille semblable, mais dont l'effigie ressemble plutôt à Constance II qu'à Fausta (1). F. D. C.

CRISPVS CAESAR (317 à 326)

1461. FL. IVL. CRISPVS NOB. CAES. Buste lauré de Crispus à gauche, vu de dos, tenant sa lance et son bouclier. R). VIRTVS CAESAR NN. Crispus à cheval à droite, terrassant un ennemi et en perçant un autre de sa lance; dessous le cheval, dans le champ, un bouclier; à l'exergue, SMNM. Inédite. OR. F. D. C.

1462. R). ALEMANNIA DEVICTA. Victoire marchant à droite, portant un trophée et une palme, et posant le pied sur un captif assis (n. 29). P. B. F. D. C.

1463. R). BEATA TRANQVILLITAS. Autel surmonté d'un globe; sur lequel on lit VOTIS XX (n. 33). P. B. T. B.

1464. R). CAESARVM NOTRORVM autour d'une couronne de laurier, dans laquelle on lit : VOT. X. (n. 65). P. B. T. B.

DELMATIVS CAESAR, neveu de Constantin

1465. FL. DELMATIVS NOB. C. Buste lauré de Delmatius à droite, avec le paludamentum. R). GLORIA EXERCITVS. Deux soldats casqués debout, appuyés sur un bouclier; entre eux une enseigne militaire (n. 5).
P. B. T. B.

CONSTANTINVS II CAESAR (317 à 335)

1466. FL. CL. CONSTANTINVS IVN. N. C. Tête laurée de Constantin II à droite. R). PRINCIPI IVVENTVTIS. Constan-

---

(1) Ces deux rares pièces ont dû être frappées plus tard, sous Honorius, au moment du partage de l'Empire entre ses deux fils.

tin II debout à droite, tenant une haste transversale et un globe ; à l'exergue, TR. (n. 29). OR. T. B.

1467. Sans légende. Tête diadémée de Constantin II à droite. ℞. CONSTANTINVS CAES. Victoire marchant à gauche, tenant une couronne et une palme ; dans le champ, M ; à l'exergue, CONSZ. (n. 20). AR. Variété.

1468. ℞. CLARITAS REIPVBLICAE. Le Soleil radié debout à gauche (n. 109). P. B. F. D. C.

1469. ℞. PROVIDENTIAE CAESS. Porte de camp sans battants, surmontée de trois tours (n. 153). P. B. T. B.

1470. ℞. VIRTVS CAESS. Porte de camp avec les battants ouverts, surmontée de quatre tours (n. 183). P. B. T. B.

1471. ℞. VIRTVS EXERCIT. Étendard entre deux captifs assis à terre ; sur l'étendard on lit : VOT. XX (n. 190).
P. B. T. B.

1472. ℞. CAESARVM NOSTRORVM. Couronne de laurier dans laquelle on lit : VOT. V. (n. 92). P. B. T. B.

CONSTANS I (333 à 350)

1473. FL. IVL. CONSTANS F. F. AVG. Buste diadémé de Constant I à droite. ℞. OB VICTORIAM TRIVMPHALEM. Deux Victoires debout, tenant une couronne dans laquelle on lit : VOT. X. MVLT. XV ; à l'exergue, TR. (n. 41).
OR. T. B.

1474. ℞. VICTORIA DD. NN. AVGG. Victoire marchant à gauche, tenant un trophée et une palme ; à l'exergue, SIS. (n. 71). OR. T. B.

1475. Même légende et même type ; à l'exergue, TR. (n. 69).
OR. Q. T. B.

1476. ℞. TRIVMFATOR GENTIVM BARBARARVM. Constant la tête diadémée debout à gauche, tenant le labarum et un sceptre ; à l'exergue, PAQ. (n. 16).
AR. Médaillon, mod. 11. T. B.

1477. ℞. GAVDIVM POPVLI ROMANI autour d'une couronne de laurier dans laquelle on lit : SIC X. SIC XX. entre deux palmes ; à l'exergue, SISω. (n. 9).
AR. Médaillon, mod 7. T. B.

1478. ℞. GAVDIVM ROMANORVM. Étendards entre deux captifs

assis à terre; on lit sur l'étendard : vot. x. mvlt. xx;
à l'exergue, tr. (n. 11). AR. Médaillon, mod. 6. T. B.

1479. R). victoria dd. nn. avgg. Victoire allant à gauche, tenant une couronne et une palme; à l'exergue, tr. (n. 73). AR. F. D. C.

1480. R). Même revers. A l'exergue, tes. (n. 74). AR. T. B.

1481. R). victoria avgvstorvm. Victoire allant à gauche, tenant une couronne et un trophée; à l'exergue, sisω. (n. 60). AR.

1482. R). fel. temp. reparatio. Constant debout à gauche, sur un navire; devant lui, la Victoire assise tenant le gouvernail (n. 113). M. B. T. B. 2 pièces.

1483. R). gloria exercitvs. Deux soldats debout, s'appuyant sur un bouclier; entre eux une enseigne militaire (n. 137). P. B. T. B.

CONSTANTIVS II (317 à 361)

1484. constantivs p. f. avg. Buste diadémé de Constance II à droite, avec le paludamentum. R). victoria dd. nn. avgg. Victoire marchant à gauche, tenant un trophée et une palme; à l'exergue, tsϵ. (n. 332).
OR. F. D. C.

1485. R). gloria reipvblicae. Rome casquée assise de face, et Constantinople tourelée assise à gauche, tenant ensemble un bouclier sur lequel on lit : vot. xxx mvlt. xxxx; à l'exergue, smnf. (n. 80). OR. T. B.

1486. R). trivmfator gentivm barbararvm. Constance debout à gauche, nu-tête et en habit militaire, tenant un étendard et appuyé sur un bouclier; à l'exergue, tes (n. 41). AR. Médaillon, mod. 11. B.

1487. R). felicitas romanorvm. Deux figures militaires debout, tenant des hastes, sous une voûte soutenue par deux colonnes en spirale; à l'exergue, sirm. (n. 11).
AR. Mod. 5 1/2. F. D. C.

1488. votis xxx mvltis xxxx dans une couronne de laurier; à l'exergue, c⸶ir. (n. 151).
AR. T. B. 4 pièces variées d'atelier.

1489. R). victoria dd. nn. avgg. Victoire marchant à gauche, tenant une couronne et une palme ; à l'exergue. LVG. (n. 129). AR. T. B.

1490. ℞. VICTORIA AVGVSTORVM. Victoire marchant à gauche, et tenant une palme ; elle se retourne et conduit par la main Constance, nu-tête et en habit militaire qui tient une haste (n. 181). Br. Médaillon, mod. 9. T. B.

1491. ℞. FEL. TEMP. REPARATIO. Constance nu-tête et en habit militaire, debout à gauche, tenant une Victoire et le labarum, et posant le pied sur un captif assis (n. 217). M. B. T. B.

1492. ℞. PROVIDENTIAE CAESS. Porte de camp ouverte, surmontée de deux tours ; au-dessus, une étoile (n. 253). P. B. T. B.

1493. ℞. VOTA PVBLICA. Anubis debout à gauche, tenant un sistre et un caducée. P. B. Variété inédite. T. B.

1494. ℞. CONSTANTIVS NOB. CAES. Dans le champ (n. 212). P. B. T. B.

VETRANIO, tyran (350, règne 6 mois)

1495. D. N. VETRANIO P. F. AVG. Buste lauré de Vétranion à droite, avec le paludamentum et la cuirasse. ℞. VICTORIA AVGVSTORVM. Victoire marchant à gauche tenant une couronne et un trophée ; à l'exergue, SIS (n. 3). AR. F. D. C.

1496. ℞. VIRTVS AVGVSTORVM. Vétranion en habit militaire, debout, à droite, tenant une haste transversale et un globe, et posant le pied sur un captif assis ; à l'exergue, ⸱SIS (n. 9). P. B. T. B.

MAGNENTIVS, tyran (350 à 353)

1497. IM. CAE. MAGNENTIVS AVG. Buste nu de Magnence à droite, avec le paludamentum. ℞. VICTORIA AVG. LIB. ROMANOR. La Victoire et la Liberté debout, tenant ensemble un trophée ; à l'exergue, TR. (n. 15). OR. T. B.

1498. ℞. VIRTVS EXERCITI. La Valeur debout, de face, regardant à droite, tenant la haste renversée et appuyée sur un bouclier ; à l'exergue, TR. (n. 21). AR. T. B.

1499. ℞. FELICITAS REIPVBLICAE. Magnence en habit militaire, debout à gauche, tenant un globe surmonté d'une Victoire et le labarum (n. 31). M. B. T. B.

1500. ℞. VICTORIAE DD. NN. AVG. ET CAE. Deux Victoires debout tenant une couronne dans laquelle on lit VOT. V. MVLT. X (n. 59). M. B. T. B. 3 pièces.

1501. ℞. SALVS DD. NN. AVG. ET CAES. Autour du monogramme du Christ entre les lettres A—ω (n. 42). G. B. T. B.

DECENTIVS CAESAR (351 à 353)

1502. D. N. DECENTIVS FORT. CAES. Buste nu de Décence à droite, avec le paludamentum et la cuirasse. ℞. VICTORIA CAES. LIB. ROMANOR. La Victoire debout à droite et la Liberté debout à gauche, tenant ensemble un trophée : à l'exergue, TR. (n. 7). OR. T. B.

1503. ℞. VIRTVS EXERCITI. Soldat casqué, debout, de face, regardant à droite, tenant une haste renversée et appuyé sur un bouclier ; à l'exergue, TR. (n. 9).
AR. T. B.

1504. ℞. VICTORIAE DD. NN. AVG. ET CAE. Deux Victoires debout, posant sur un cippe une couronne dans laquelle on lit VOT. V, MVLT. X (n. 41).
M. B. T. B. 2 pièces.

1505. ℞. Même légende. Deux Victoires debout tenant une couronne dans laquelle on lit VOT. V. MVLT X (n. 33).
M. B. T. B. 2 pièces

CONSTANTIVS GALLVS CAESAR (351 à 354)

1506. D. N. FL. CL. CONSTANTIVS NOB. CAES. Buste nu de Constance Galle à droite, avec le paludamentum. ℞. GLORIA REIPVBLICAE. Rome casquée assise de face, et Constantinople tourelée assise à gauche, soutenant un bouclier sur lequel on lit VOTIS V. ; à l'exergue, SMNC. (n. 8). OR. T. B.

1507. ℞. VOTIS V. MVLT. X. dans une couronne de laurier ; à l'exergue, SIRM (n. 14). AR. T. B.

1508. ℞. FEL. TEMP. REPARATIO. Soldat casqué debout, perçant de sa haste un ennemi tombé (n. 32). M. B. B.

JVLIANVS II (355 à 363)

1509. FL. CL. IVLIANVS P. F. AVG. Buste barbu et diadémé de Julien II à droite avec le paludamentum et la cuirasse. ℞. VIRTVS EXERCITVS ROMANORVM. Julien casqué et en habit militaire, marchant à droite et se retournant; il traîne par les cheveux un captif à genoux et tient un trophée; à l'exergue, CONS. P (n. 29).
OR. T. B.

1510. La même médaille. Type de tête différent; à l'exergue, TES (n. 28). OR. B.

1511. ℞. VIRTVS EXERCITVS. Julien casqué debout à droite, la droite sur une haste, sur la gauche un aigle; à l'exergue, P. CONST (n. 5). AR. T. B.

1512. ℞. Étoile à huit rayons dans une couronne de laurier; à l'exergue, T. CON (n. 46). AR. F. D. C.

1513. ℞. VOTIS V, MVLTIS X, dans une couronne de laurier; à l'exergue, T. CON (n. 30). AR. B.

1514. ℞. VOTIS V, MVLTIS X, dans une couronne de laurier; à l'exergue, LVG (n. 37). AR. B.

1515. ℞. VOT. X, MVLT. XX, dans une couronne de laurier; à l'exergue, P. LVG (n. 40). AR. T. B.

1516. DEO SARAPIDI. Buste radié, barbu, de Julien II à droite, avec le modius sur la tête et levant la main droite. ℞. VOTA PVBLICA. Isis assise de face sur un chien qui court à droite et retourne la tête; Isis regarde à gauche et tient le sistre et un sceptre (n. 105). P. B. Variété inédite. T. B.

1517. DEO SARAPIDI. Buste barbu de Julien II à droite, avec le modius sur la tête et le paludamentum. ℞. VOTA PVBLICA. Sérapis debout à gauche, mettant son doigt devant sa bouche. Inédite. P. B. Q. T. B.

HELENA, femme de Julien

1518. ISIS FARIA. Buste diadémé d'Hélène à droite, avec la fleur du lotus sur la tête. ℞. VOTA PVBLICA. Isis debout à droite sur un navire, regardant à gauche et tenant la voile des deux mains (n. 15). P. B. Q. T. B.

JOVIANVS (363, règne 7 mois)

1519. D. N. IOVIANVS P. F. P. AVG. Buste diadémé de Jovien à droite, avec le paludamentum. ℞. SECVRITAS REIPVBLICE. Rome et Constantinople assises, soutenant un bouclier sur lequel on lit VOT. V. MVLT. X; à l'exergue, SIRM (n. 8). OR. F. D. C.

1520. ℞. SECVRITAS REIPVBLICE. Jovien diadémé debout à gauche, tenant le labarum et un globe; devant lui, un captif assis; à l'exergue, ⁕ SIRM. (n. 3). OR. F. D. C.

1521. ℞. GLORIA ROMANORVM. L'empereur debout sous un portique, tenant un globe et une haste (n. 2). AR. Médaillon, mod. 5 1/2. B.

1522. ℞. VOT. V. MVLT. X dans une couronne de laurier; à l'exergue, SMN (n. 13). AR. B.

1523. ℞. VOT. V, MVLT. X, dans une couronne de laurier; à l'exergue, ROMA (n. 32). P. B. B.

1524. ℞. VOTA PVBLICA. Harpocrate debout à gauche, posant la main droite sur sa bouche et tenant une corne d'abondance (n. 28). P. B. Q. B.

VALENTINIANVS I (364 à 375)

1525. D. N. VALENTINIANVS P. F. AVG. Buste diadémé de Valentinien I à droite, avec le paludamentum. ℞. RESTITVTOR REIPVBLICAE. Valentinien en habit militaire et lauré, debout, regardant à droite, tenant un étendard et une Victoire sur un globe; à l'exergue, SMN.I (n. 26). 2 pièces. TR. OR. T. B.

1326. ℞. VICTORIA AVG. Valentinien et son fils assis tous deux de face, soutenant un globe; entre eux, une palme; sur le second plan, une Victoire vue à mi-corps; à l'exergue, TROB (n. 33). OR. F. D. C.

1527. ℞. VOTIS X MVLTIS XV dans une couronne de laurier; à l'exergue, S. M. L. A. P. ↠ Inédite. AR. Médaillon, mod. 7. F. D. C.

1528. ℞. GLORIA ROMANORVM. Valentinien et Valens debout,

de face, se regardant, tenant chacun le labarum et un globe ; à l'exergue, SIS . Inédite. AR. Médaillon, mod. 6. T. B.

1529. ℞. VICTORIA AVGVSTORVM. Victoire debout à droite, le pied gauche sur un globe ; écrivant VOT. V. MVLT. X sur un bouclier posé sur un cippe ; à l'exergue, RT. (n. 8). AR. Médaillon, mod. 6. T. B.

1530. ℞. VIRTVS EXERCITVS. Valentinien en habit militaire et lauré, debout à gauche, tenant le labarum et appuyé sur un bouclier ; à l'exergue, TRFS (n. 11). AR. Médaillon, mod. 5 1/2. T. B.

1531. ℞. RESTITVTQR REIP. Valentinien debout, de face, tenant le labarum et un globe surmonté d'une Victoire ; à l'exergue, S. LVG. (n. 19). AR. T. B. 2 pièces variées.

1532. ℞. VOT. V. MVLT. X dans une couronne de laurier ; à l'exergue, RT (n. 44). AR. T. B.

1533. ℞. SECVRITAS REIPVBLICAE. Victoire allant à gauche, tenant une couronne et un palme (n. 55). P. B. T. B.

1534. ℞. VOTA PVBLICA. Anubis debout à gauche, tenant un sistre et un caducée (n. 62). P. B. Q. T. B.

1535. ℞. VOTA PVBLICA. Isis assise allaitant Orus (n. 59). P. B. Q. T. B.

VALENS (364 à 378)

1536. D. N. VALENS P. F. AVG. Buste diadémé de Valens à gauche, avec le manteau impérial et tenant un globe et un sceptre. ℞. SALVS REIP. Valens debout posant le pied droit sur un captif, tenant le labarum et un globe surmonté d'une Victoire (n. 38). OR. F. D. C.

1537. ℞. VICTORIA AVGG. Valens et Valentinien assis de face, soutenant un globe ; entre eux, une Victoire à mi-corps (n. 43). OR. B. 2 pièces var.

1538. ℞. VICTORIA AVGVSTORVM. Victoire debout à droite, écrivant VOT. V. MVLT. X sur un bouclier posé sur un cippe à l'exergue, RB. (n. 16). AR. Médaillon, mod. 5 1/2. T. B.

1539. ℞. VIRTVS EXERCITVS. Valens en habit militaire, debout à gauche, tenant un étendard et appuyé sur un bouclier ; à l'exergue, TRPS. (n. 17). AR. Médaillon mod. 6. T. B

1540. ℞. RESTITVTOR REIP. Valens lauré, debout, de face, regardant à droite, tenant le labarum et un globe; à l'exergue, CONS. T. (n. 29). AR. T. B.

1541. ℞. VOT. V. MVLT. X dans une couronne de laurier; à l'exergue, RB. (n. 55). AR.

1542. ℞. VRBS ROMA. Rome, assise à gauche, tenant une Victoire; à l'exergue, TRPS. (n. 62). AR.

1543. ℞. SECVRITAS REIPVBLICAE. Victoire marchant à gauche, tenant une couronne et une palme (n. 72).
P. B. T. B.

PROCOPIVS, tyran (an 365, règne 8 mois)

1544. D. N. PROCOPIVS P. F. AVG. Buste diadémé de Procope à droite, avec le paludamentum et la cuirasse. ℞. VOT. V. dans une couronne de laurier; à l'exergue, KV. A. (n. 4). AR. T. B.

GRATIANVS (367 à 383)

1545. D. N. GRATIANVS P. F. AVG. Buste diadémé de Gratien à droite, avec le paludamentum. ℞. VICTORIA AVGG. Gratien et Valentinien jeune assis de face, soutenant un globe; entre eux, en haut, une Victoire à mi-corps et, à l'exergue, TROBT. (n. 24). OR. F. D. C.

1546. ℞. CONCORDIA AVGGGΓ. Rome assise de face, regardant à droite, tenant un sceptre et un globe; à l'exergue, CONOB. (n. 15). OR. T. B.

1547. ℞. VIRTVS EXERCITVS. Gratien diadémé, en habit militaire, debout à gauche, tenant le labarum et appuyé sur un bouclier; à l'exergue, SISC. P. (n. 7).
AR. Médaillon, mod. 6. T. B.

1548. ℞. Même revers. Gratien tenant un étendard; à l'exergue, TRP. S. (n. 6). AR. Médaillon, mod. 6. B.

1549. ℞. VIRTVS ROMANORVM. Rome assise de face, regardant à gauche, tenant un globe et une haste renversée; à l'exergue, AQPS. (n. 32).
AR. T. B. 2 pièces variées.

1550. ℞. VRBS ROMA. Rome casquée, assise à gauche sur une cuirasse, tenant une Victoire; à l'exergue, TRPS. (n. 46). AR. T. B.

1551. ℞. GLORIA ROMANORVM. Gratien allant à droite, traînant un captif par les cheveux et tenant le labarum; à l'exergue, LVG. (n. 55). P. B. T. B.

1552. ℞. SECVRITAS REIPVBLICAE. Victoire marchant a gauche, tenant une couronne et une palme (n. 60). P. B. T. B.

1553. ℞. VIRTVS ROMANORVM. Rome casquée assise de face (n. 64). P. B. T. B.

VALENTINIANVS II (375 à 392)

1554. D. N. VALENTINIANVS P. F. AVG. Buste diadémé de Valentinien II à droite, avec le paludamentum. ℞. VICTORIA AVGG. Valentinien et Gratien assis de face, soutenant un globe; entre eux, en haut, une Victoire à mi-corps, à l'exergue, COM. (n. 17). OR. F. D. C.

1555. ℞. VIRTVS EXERCITVS. Valentinien diadémé et en habit militaire tenant un étendard et appuyé sur un bouclier; à l'exergue, LVG. (n. 7).
AR. Médaillon, mod. 5 1/2, T. B.

1556. ℞. VIRTVS EXERCITVS. Valentinien diadémé, allant à gauche, tenant le labarum et un bouclier; à l'exergue, TRPS. (n. 7). AR. Médaillon, mod. 7. T. B.

1557. ℞. VICTORIA AVGG. Victoire marchant à gauche, tenant une couronne et une palme; à l'exergue, TRPS. (n. 18). AR. B.

1558. Même légende et même type à l'exergue RP. (supp. (n. 5). AR. Q. B.

1559. ℞. VRBS ROMA. Rome assise à gauche sur une cuirasse, tenant une Victoire et une haste; à l'exergue, AQPS. (n. 31). AR. T. B. 2 pièces variées.

1560. ℞. VIRTVS ROMANORVM. Même type. A l'exergue, TRPS. (n. 26). AR. B.

THEODOSIVS I. MAGNVS (379 à 394)

1561. D. N. THEODOSIVS P. F. AVG. Buste diadémé de Théodose I à droite, avec le paludamentum et la cuirasse. ℞. VICTORIA AVGG. Théodose et Valentinien II assis de face, tenant un globe; entre eux, en haut, la Victoire de face, vue à mi-corps; à l'exergue, COM. (n. 19).
OR. T. B.

1562. ℞. VICTORIA AVGVSTORVM. Victoire marchant à droite, tenant une couronne et un globe; à l'exergue, COMOB. (n. 24). OR. Triens (1).

1563. ℞. VIRTVS EXERCITVS. Théodose en habit militaire, debout, tenant le labarum et appuyé sur un bouclier; à l'exergue, SISCPZ. (n. 7).
AR. Médaillon, mod. 6. T. B.

1564. ℞. CONCORDIA AVGGG. Constantinople tourelée, assise de face; à l'exergue, TR. (n. 9). AR. T. B.

1565. ℞. VIRTVS ROMANORVM. Rome casquée, assise à gauche sur une cuirasse, tenant une Victoire et la haste renversée; à l'exergue, TRPS. (n. 28). AR. B.

1566. ℞. VOT. V, MVLT. X dans une couronne; à l'exergue, SISCPS. (n. 30). AR. T. B.

1567. ℞. VRBS ROMA. Rome casquée, assise à gauche, tenant une Victoire et une haste renversée; à l'exergue, R * Q. (n. 33). AR. T. B.

1568. ℞. VICTORIA AVGGG. Victoire marchant à gauche, tenant une couronne et une palme; à l'exergue, B. SIS. (n. 51). P. B. Q. B.

FLACCILLA, femme de Théodose

1569. AEL. FLACCILLA AVG. Buste diadémé de Flaccille à droite. ℞. SALVS REIPVBLICAE. Victoire assise à droite, écrivant sur un bouclier posé sur un cippe; à l'exergue, RSIS (n. 6). P. B. Q. T. B.

1570. ℞. Même légende. Flaccille debout de face, regardant à droite et se croisant les mains sur la poitrine; à l'exergue, SMKΓ (n. 7). M. B. B.

MAGNVS MAXIMVS, tyran (383 à 388)

1571. D. N. MAG. MAXIMVS P. F. AVG. Buste diadémé de Maxime à droite. ℞. VICTORIA AVGG. Maxime et Victor assis de face, soutenant un globe; entre eux, en haut, une Victoire à mi-corps, vue de face; à l'exergue, TROB (n. 8). OR. T. B.

---

(1) Cette pièce doit avoir été frappée pour Théodose II.

1572. ℞. VICTORIA AVGVSTORVM. Victoire marchant à gauche; à l'exergue, AQPS (n. 11). AR. F. D. C.

1573. ℞. VIRTVS ROMANORVM. Rome casquée assise de face, tenant un globe; à l'exergue, TRPS (n. 12). AR. T. B.

1574. ℞. SPES ROMANORVM. Porte de camp ouverte, surmontée de deux tours; à l'exergue, SCON (n. 15).
P. B. Q. T. B.

FLAVIVS VICTOR (an 388)

1575. D. N. FL. VICTOR P. F. AVG. Buste diadémé de Victor à droite. ℞. VIRTVS ROMANORVM. Rome casquée assise de face, tenant un globe; à l'exergue, MDPS (n. 5).
AR. F. D. C.

1576. ℞. VICTORIA AVGVSTORVM. Victoire marchant à gauche, à l'exergue, AQPS (n. 3). AR. B.

1577. ℞. SPES ROMANORVM. Porte de camp ouverte, surmontée de deux tours; à l'exergue, SMAQP (n. 7). P. B. B.

EVGENIVS, tyran (392 à 394)

1578. D. N. EVGENIVS P. F. AVG. Buste diadémé d'Eugène à droite. ℞. VICTORIA AVGG. Deux empereurs assis de face, soutenant un globe; entre eux, en haut, une Victoire de face, vue à mi-corps; dessous, dans le champ, LD; à l'exergue, COM (n. 3). OR. T. B.

1579. ℞. VIRTVS ROMANORVM. Rome casquée, assise à gauche sur une cuirasse, tenant une Victoire; à l'exergue TRPS (n. 6). AR. T. B.

HONORIVS (393 à 423)

1580. D. N. HONORIVS P. F. AVG. Buste diadémé d'Honorius à droite. ℞. VICTORIA AVGGG. Honorius debout à droite, tenant un étendard et un globe et mettant le pied droit sur un captif couché à terre; dans le champ, RV; à l'exergue, COMOB (n. 21). OR. T. B.

1581. La même médaille, avec MD dans le champ. OR. T. B.

1582. ℞. CONCORDIA AVGG. Rome casquée, assise de face, tenant une Victoire; à l'exergue, CONOB (n. 7).
OR. B.

1583. ℞. VICTORIA AVGVSTORVM. Victoire assise à droite sur une cuirasse, écrivant VOT. V, MVLT X sur un bouclier que lui présente un génie nu; dans le champ, MD; à l'exergue, CONOB (n. 26-27).   OR. Inédite.

1584. ℞. Même légende. Victoire marchant à droite, tenant une couronne et un globe surmonté d'une croix; dans le champ, RV; à l'exergue, CON (n. 24). OR. Triens.

1585. ℞. VIRTVS ROMANORVM. Rome casquée, assise à gauche, tenant une Victoire; à l'exergue, MDPS (n. 32).
AR. T. B.

1586. La même médaille. Module plus grand; à l'exergue, RMPS. AR. T. B. et une autre pièce de fabrique très barbare.

1587. ℞. VRBS ROMA. Même type; à l'exergue, RVPS (n. 39).
AR. T. B.

CONSTANTIVS III (421, règne 7 mois)

88. D. N. CONSTANTIVS P. F. AVG. Buste diadémé de Constance III à droite. ℞. VICTORIA AVGGG. Constance debout à droite, tenant un étendard et un globe surmonté d'une Victoire, le pied droit posé sur un captif couché à terre; dans le champ, RV; à l'exergue, CONOB (n. 1).   OR. T. B.

GALLA PLACIDIA, femme de Constance

1589. D. N. GALLA PLACIDIA P. F. AVG. Buste diadémé de Placidie à droite, couronné par une main céleste et portant le monogramme du Christ sur l'épaule droite. ℞. VOT. XX. MVLT. XXX. Victoire debout à gauche, tenant une longue croix; en haut, une étoile; dans le champ, RV; à l'exergue, COMOB (n. 10).   OR. T. B.

1590. ℞. Sans légende. Croix dans une couronne de laurier; à l'exergue, COMOB (n. 14). OR. B. Triens.

CONSTANTINVS III (407 à 411)

1591. D. N. CONSTANTINVS P. F. AVG. Buste diadémé de Constantin III à droite. ℞. VICTORIA AVGGG. Constantin debout à droite, tenant un étendard et un globe sur-

monté d'une Victoire, le pied gauche posé sur un captif; dans le champ, LD; à l'exergue, COMOB (n. 3).
OR. T. B.

JOVINVS (411 à 413)

1592. D. N. IOVINVS P. F. AVG. Buste diadémé de Jovin à droite. ℞. VICTORIA AVGG. Jovin debout, type précédent; à l'exergue, TROBS (n. 5). OR. B.

1593. ℞. VICTORIA AVGG. Rome, assise à gauche, tenant une Victoire; à l'exergue, TRMS (n. 4). AR. T. B.

PRISCVS ATTALVS (409 à 416)

1594. PRISCVS ATTALVS P. F. AVG. Buste diadémé de Priscus Attalus à droite. ℞. INVICTA ROMA AETERN. Rome casquée, assise de face, tenant un globe surmonté d'une Victoire de la main droite, et de la gauche, un sceptre; dans le champ, RM; à l'exergue, COMOB (n. 3).
OR. B.

JOHANNES, tyran (423 à 425)

1595. D. N. IOHANNES P. F. AVG. Buste diadémé de Jean à droite. ℞. VICTORIA AVGGG. Jean debout de face, tenant un étendard et une Victoire, posant le pied sur un captif; dans le champ RV; à l'exergue, COMOB (n. 2).
OR. B.

VALENTINIANVS III (425 à 455)

1596. D. N. PLA. VALENTINIANVS P. F. AVG. Buste diadémé de Valentinien III à droite, une petite couronne au-dessus de la tête. ℞. VICTORIA AVGGG. Valentinien debout, de face, posant le pied droit sur la tête d'un dragon, tenant une croix et une Victoire; dans le champ, RV; à l'exergue, COMOB (n. 12). OR. T. B.

1597. ℞. Croix dans une couronne de laurier; à l'exergue, COMOB (n. 27). OR. T. B. Triens.

GRATA HONORIA, femme de Valentinien

1598. D. N. IVST. GRAT. HONORIA AVG. Buste diadémé d'Honoria à droite, couronné par une main céleste. ℞. BONO

REIPVBLICAE. Victoire debout à gauche, tenant une croix; en haut, une étoile; dans le champ, RV; à l'exergue, COMOB (n. 1). OR. B.

PETRONIVS MAXIMVS, tyran (an 455) règne 3 mois

1599. D. N. PETRONIVS MAXIMVS P. F. AVG. Buste diadémé de Pétrone Maxime à droite. R). VICTORIA AVGGG. Maxime debout, de face, écrasant du pied droit la tête d'un dragon et tenant une longue croix et un globe surmonté d'une Victoire; dans le champ, RM; à l'exergue, COMOB (n. 1). OR. T. B.

AVITVS (455-456)

1600. D. N. AVITVS PERP. F. AVG. Buste diadémé d'Avitus à droite. R). VICTORIA AVGGG. Avitus debout, type précédent; dans le champ, AR; à l'exergue, COMOB (n. 1). OR. B.

MAJORIANVS (457 à 461)

1601. D. N. IVLIVS MAIORIANVS P. F. AVG. Buste casqué de Majorien à droite. R). VICTORIA AVGGG. Majorien debout, type précédent (n. 1). OR. T. B.

1602. R). Croix dans une couronne de laurier; à l'exergue, CONOB (n. 9). OR. T. B. Triens.

1603. Variété de la même pièce avec IVL (n. 8). OR. B.

SEVERVS III (461 à 465)

1604. D. N. LIBIVS SEVERVS P. F. AVG. Buste diadémé de Sévère III à droite. R). VICTORIA AVGGG. Sévère debout, posant le pied droit sur la tête d'un dragon, tenant une longue croix et un globe surmonté d'une Victoire; dans le champ, RA; à l'exergue, COMOB. (n. 6). OR. T. B.

1605. R). VICTORI. AVGGG. Victoire debout à gauche, tenant une longue croix; à l'exergue, COMOB (n. 3). OR. T. B. Triens.

1606. ℟. Croix dans une couronne de laurier; à l'exergue, comob (n. 13). OR. B. Triens.

ANTHEMIVS (467 à 472)

1607. D. N. ANTHEMIVS P. F. AVG. Buste casqué d'Anthémius de face. ℟. SALVS REIPVBLICAE. Anthémius et Léon en habit militaire, debout, de face, soutenant un globe surmonté d'une croix et tenant chacun une haste; dans le champ, RA; à l'exergue, comob (n. 5). OR. T. B.
1608. ℟. Croix dans une couronne de laurier; à l'exergue, (comob n. 16). OR. T. B. Triens.

GLYCERIVS (472, règne 3 mois)

1609. D. N. GLYCERIVS P. F. AVG. Buste diadémé de Glycérius à droite. ℟. VICTORIA AVGG. Glycérius debout, de face, le pied gauche sur un tabouret, tenant une longue croix et un globe surmonté d'une Victoire; dans le champ, RV; à l'exergue, comob (n. 2). OR. T. B.

JVLIVS NEPOS (474 à 480)

1610. D. N. IVL. NEPOS P. F. AVG. Buste casqué de Jules Nepos de face. ℟. VICTORIA AVGGG. Victoire debout à gauche, tenant une longue croix; dans le champ, RV; à l'exergue, conob (n. 3). OR. T. B.
1611. ℟. Croix dans une couronne de laurier; à l'exergue, conob (n. 9). OR. B. Triens.

ROMVLVS AVGVSTVS (475, règne 10 mois)

1612. D. N. ROMVLVS AVGVSTVS P. F. AVG. Buste casqué de Romulus Augustule de face. ℟. VICTORIA AVGGG. Victoire debout à gauche, tenant une longue croix; à l'exergue, comob (n. 2). OR. B.
1613. ℟. Croix dans une couronne, à l'exergue, comob (n. 4). OR. B. Triens.

Empire d'Orient

Tous les numéros cités sont ceux de Sabatier, *Monnaies Byzantines*, 2 vol., 8 pl.

ARCADIVS (395 à 408)

1614. D. N. ARCADIVS P. F. AVG. Buste diadémé d'Arcadius à droite. R). CONCORDIA AVGGG. A. Constantinople casquée, assise de face; devant, un cippe sur lequel est un bouclier avec VOT. X, MVLT. XV; à l'exergue, CONOB. Sabatier (n. 12). OR. B.

1615. R). VICTORIA AVGGG. Arcadius debout à droite, tenant le labarum et un globe surmonté d'une Victoire, le pied droit sur un captif; dans le champ RV; à l'exergue, COMOB. (n. 18). OR. B.

1616. La même médaille, avec RM au revers. OR. B.

1617. R). VICTORIA AVGVSTORVM. Victoire marchant à droite, tenant une couronne et un globe surmonté d'une croix; dans le champ, MD; à l'exergue, COM. (n. 22).
OR. B. Triens.

1618. R). VOT. X, MVLT XV en quatre lignes, dans une couronne; à l'exergue, MDPS (n. 28). AR. T. B.

1619. R). VOT. V. dans une couronne; à l'exergue, SMNR. (n. 47).
P. B. Q. T. B.

EVDOXIA, femme d'Arcadius

1620. AEL. EVDOXIA AVG. Buste diadémé d'Eudoxie à droite.
R). SALVS REIPVBLICAE. Victoire assise à droite sur une cuirasse, inscrivant le monogramme du Christ sur un bouclier posé sur un cippe; à l'exergue, CONOB. (n. 3). OR. B.

1621. Même médaille. A l'exergue, ANTΓ. (n. 4). P. B. B.

THEODOSIVS II (408 à 450)

1622. D. N. THEODOSIVS P. F. AVG. Buste casqué de Théodose II à droite. R). GLORIA REIPVBLICAE. Deux figures casquées (Rome et Constantinople) assises et soutenant ensemble un bouclier sur lequel on lit VOT. XV, MVLT XX. Dans le champ, une étoile; à l'exergue, CONOB (n. 4). OR. T. B.

1623. R). CONCORDIA AVGGG. Constantinople casquée, assise à droite sur une proue de vaisseau, tenant une Victoire; dans le champ, une étoile; à l'exergue, TESOB (n. 2). OR. B.

1624. R). GLOR. ORVIS TERRAR. L'empereur de face debout, en costume militaire, tenant le labarum et un globe; à l'exergue, TESOB (n. 3). OR. B.

1625. R). IMP. XXXXII COS. XVII. P. P. Rome casquée, assise à gauche, tenant un globe; à l'exergue, COMOB (n. 5). OR. T. B.

1626. R). SALVS REIPVBLICAE. Théodose et son fils Valentinien III de face; à l'exergue, CONOB (n. 8). OR. B.

1627. R). VOT. XXX, MVLT. XXXX. Rome assise à gauche, tenant un sceptre et un globe (n. 14). OR. T. B.

1628. R). VOT. MVLT. XXXX dans une couronne de laurier; à l'exergue, CONS et une étoile (n. 21). AR. B.

EVDOXIA, femme de Théodose II

1629. AEL. EVDOXIA AVG. Buste diadémé d'Eudoxie à droite.
R). IMP. XXXXII COS XVII P. P. Constantinople assise à gauche sur une proue de vaisseau, tenant un sceptre et un globe surmonté d'une croix; derrière, un bou

clier; dans le champ, une étoile; à l'exergue, CONOB (n. 7). OR. B.

1630. ℞. Croix dans une couronne; à l'exergue, CONOB avec une étoile (n. 3). OR. B. Triens.

MARCIANVS (450 à 457) [1]

1631. D. N. MARCIANVS P. F. AVG. Buste casqué et de face de Marcien. ℞. VICTORIA AVGGGΔ. Victoire debout à gauche, tenant une longue croix (n. 4). OR.

1632. La même médaille, sans lettre numérale. OR. B.

AELIA PVLCHERIA, femme de Marcien

1633. AEL. PVLCHERIA AVG. Buste diadémé de Pulchérie à droite. ℞. VICTORIA AVGG. Victoire debout à gauche, tenant une longue croix (n. 3). OR. T. B.

LEO I (457 à 474)

1634. D. N. LEO PERPET. AVG. Buste diadémé de Léon I à gauche, vêtu de la robe à carreaux ornée de perles, tenant le volumen et une longue croix. ℞. VICTORIA AVGGG. L'empereur de face et nimbé assis sur le trône, tenant le volumen de la main droite et de la gauche un globe surmonté d'une croix; dans le champ, une étoile; à l'exergue, THSOB. (n. 5). OR. B.

1635. ℞. VICTORIA AVGGGΘ. Victoire debout à gauche, tenant une longue croix (n. 4). OR.

1636. La même médaille; à l'exergue, THSOB. OR. T. B.

1637. ℞. VICTORIA AVGVSTORVM. Victoire debout à gauche, tenant une couronne et un globe (n. 9). OR. Triens.

AELIA VERINA, femme de Léon I

1638. AEL. VERINA AVG. Buste diadémé de Vérine à droite. ℞. VICTORIA AVGGG. Victoire debout à gauche, tenant une longue croix (n. 1). OR. T. B.

---

(1) A partir de ce règne nous ne répéterons plus les lettres placées a l'exergue, qui sont généralement CON. OB.

LEO II JVNIOR ET ZENO (474)

1639. D. N. LEO ET ZENO P. F. AVG. Buste casqué de face de Léon II. ℞. SALVS REIPVBLICAE. Léon II, et à sa gauche son père, tous deux nimbés et assis de face (n. 1). OR.

ZENO, ISAVRVS (474 à 491)

1640. D. N. ZENO PERP. AVG. Buste casqué de Zénon de face. ℞. VICTORIA AVGGG. Victoire debout à gauche, tenant une longue croix (n. 1). OR.

1641. ℞. VICTORIA AVGVSTORVM. Victoire marchant à gauche, tenant une couronne et un globe (n. 6). T. B. Triens.

1642. ℞. Croix dans une couronne de laurier (n. 7).
  OR. T. B. Triens.

1643. Même pièce variée. OR. T. B. Triens.

1644. ℞. Aigle éployé à droite et la tête tournée à gauche; au-dessus de la tête, une croix (n. 13). AR. B.

BASILISCVS (476-477)

1645. BASILISCVS PP. AVG. Buste casqué et de face de Basilisque. ℞. VICTORIA AVGGGE. Victoire debout à gauche, tenant une longue croix (n. 1). OR.

1646. ℞. Croix dans une couronne de laurier (n. 7).
  OR. B. Triens.

ANASTASIVS I (491 à 518)

1647. D. N. ANASTASIVS PP. AVG. Buste casqué et de face d'Anastase. ℞. VICTORIA AVGGGE. Victoire debout à gauche, tenant une haste avec le monogramme du Christ (n. 1). OR. T. B.

1648. ℞. Même légende. Victoire debout à gauche, tenant une longue croix; dans le champ, le monogramme de Rome (n. 2). OR. F. D. C.

1649. Pièce semblable, avec le monogramme de Théodoric à la fin de la légende du revers (n. 2). OR. B.

1650. Même légende et même type; dans le champ, une étoile (n. 2). OR.

1651. ℞. VICTORIA AVGVSTORVM. Victoire debout et de face, tenant une couronne et un globe surmonté d'une croix (n. 5). OR. T. B. Triens. 2 pièces.

1652. ℞. GLORIA NGNAORVM (sic). L'empereur debout à gauche, tenant un globe (n. 7). AR. T. B.

1653. ℞. Indice M accosté de deux étoiles ; en haut, une croix ; en dessous, A (n. 13, 16 et 17, 19 et 24).
5 pièces variées. T. B. Æ. Follis et divisions.

JVSTINVS I THRAX (518 à 527)

1654. D. N. IVSTINVS PP. AVG. Buste casqué de Justin, de face. ℞. VICTORIA AVGGGIS. Victoire debout à gauche, tenant une longue croix terminée par le monogramme du Christ (n. 2). OR. T. B.

1655. ℞. VICTORIA AVGGGA. Victoire de face, tenant une longue croix, et dans la main gauche le globe crucigère (n. 1). OR. B.

1656. VICTORIA AVGVSTORV. Globe surmonté d'une croix; dans le champ, AR (n. 5). OR. T. B. Triens.

1657. ℞. VICTORIA AVGVSTORVII. Victoire regardant à gauche, tenant une couronne et un globe surmonté d'une croix (n. 4). OR. T. B. Triens.

1658. ℞. VINT. ROMANORVM. L'empereur debout, de face, tenant la haste et le globe crucigère; dans le champ, une étoile ; à l'exergue, COB. AR. Silique. Inédite.

1659. ℞. Dans une couronne, le monogramme du Christ entre deux étoiles (n. 12). AR. Demi-silique. B. 2 variétés.

1660. ℞. Indice K dans une couronne, accosté d'une croix et d'une étoile (n. 28). Demi-follis et autres divisions.
9 pièces variées, plusieurs inédites. AE. B. et T. B.

JUSTINVS I ET JVSTINIANVS (an 527)

1661. D. N. IVSTIN. ET IVSTINIAN. PP. AVG. Les deux empereurs nimbés, assis de face, tenant chacun un globe dans la main droite et, entre leurs têtes, une croix. ℞. VICTORIA AVGGGS. Victoire debout, de face, tenant une longue croix et le globe crucigère (n. 1).
OR. T. B.

1662. Même légende. Buste diadémé à droite de Justin I. ℞. Indice M entre une étoile et une croix ; à l'exergue, CON (n. 4). Follis.

1663. Même légende. Bustes de face des deux empereurs. ℞. Indice Є. La ville d'Antioche personnifiée, assise à gauche sous un portique ; à ses pieds, un fleuve nageant (n. 8). Pentanummium. B.

JVSTINIANVS I (527 à 565)

1664. D. N. IVSTINIANVS P. F. AVG. Buste casqué et de face de Justinien I. ℞. VICTORIA AVGGA. Victoire debout à gauche, tenant une longue croix (n. 1).
OR. B. Variété inédite.

1665. ℞. Même légende. Victoire de face, tenant une longue croix et le globe crucigère (n. 2). OR. T. B.

1666. ℞. Même légende. Victoire de face, tenant une longue croix terminée par le monogramme du Christ et le globe crucigère (n. 3). OR. T. B.

1667. ℞. VICTORIA AVGVSTORVM. Victoire de face, tenant une couronne et une petite croix (n. 5).
OR. T. B. Triens 2 variétés.

1668. ℞. VOT. MVLT. HTI en trois lignes dans une couronne (n. 10). AR. Silique. T. B.

1669. ℞. CN dans une couronne (n. 12). AR. Silique. T. B.

1670. ℞. Monogramme de Justinien (n. 21-22).
AR. Silique. T. B.

1671. ℞. Monogramme du Christ dans un cercle de grènetis. (n. 16). AR. Silique. 2 pièces T. B.

1672. ℞. PKЄ dans une couronne (n. 17-18).
AR. Demi-silique. 2 pièces T. B.

1673. ℞. Indice M surmonté d'une croix, ANNO III, différent A ; à l'exergue, NIK (n. 39). AE. Follis. Très beau lot de 10 pièces. B. et T. B.

1674. Indice K surmonté d'une croix ANNO XV (n. 76 et suiv.) Demi-follis et divisions. Superbe lot composé de 26 pièces dont plusieurs inédites T. B. et F. D. C.

AVTONOMES DE ROME ET DE RAVENNE

1675. INVICTA ROMA. Buste casqué de Rome à droite. ℞. Aigle à droite, avec les ailes éployées; dans le champ, l'indice XL; à l'exergue ϵ (n. 1). Æ T. B.

1676. FELIX RAVENNA. Buste couronné de la ville de Ravenne à droite. ℞. Aigle debout entre deux étoiles; à l'exergue, l'indice Χ (n. 10). Æ T. B.

JVSTINVS II (565 à 578)

1677. D. N. IVSTINVS PP. AVG. Buste casqué de Justin II de face. ℞. VICTORIA AVGGG. P. Victoire assise à droite, tenant une haste et le globe crucigère (n. 1).
OR. T. B.

1678. Même pièce avec la lettre C dans le champ du revers.
OR. T. B.

1679. ℞. En trois lignes dans une couronne de laurier, FELIX RESPVB. (n. 3). AR. Silique T. B.

JVSTINVS II et SOPHIA

1680. VNTTL. OSTML. Les deux augustes nimbés, assis de face, tenant chacun un sceptre; au milieu, une longue croix sur un globe. ℞. Indice M surmonté d'une croix, différent Γ, ANNO VI; à l'exergue, THEVP. (n. 18). Æ. Demi-follis et divisions 7 pièces T. B. et F. D. C.

TIBERIVS II CONSTANTINVS (578 à 582)

1681. D. M. TIB. CONSTANT. PP. AVI. Buste de Tibère II de face, la tête ornée d'un diadème surmonté d'une croix, tenant le globe crucigère et un bouclier. ℞. VICTORIA AVGGH. Croix sur quatre degrés (n. 1).
OR. F. D. C.

1682. Même pièce, avec Γ au revers. OR. T. B.

1683. ℞. VICTOR TIBERI AVS. Croix pattée (n. 5).
OR. F. D. C. Triens.

1684. ℞. Indice M surmonté d'une croix, ANNO V ; à l'exergue, THEVP. (n. 12). AE. Follis et divisions ; lot de 6 pièces TB. et F. D. C.

TIBERIVS II et ANASTASIA

1685. D. M. TIB. CONSTANT. PP. AV. Bustes nimbés de face de Tibère II et de sa femme. ℞. Indice K surmonté d'une croix, ANNO V, dessous TES. (n. 41).
ÆE. Demi-follis. B.

MAVRICIVS TIBERIVS 582 à 602

1686. D. N. MAVRI. TIB. PP. ANE. Buste casqué de Maurice, de face, tenant le globe crucigère. ℞. VICTORIA AVGGE. Victoire de face, tenant une longue croix surmontée du monogramme du Christ et le globe crucigère (n. 1). OR. T. B.

1687. La même médaille, module plus grand et plus mince.
OR. T. B.

1688. ℞. VICTORIA AVGVSTORVM. Victoire de face, tenant une couronne et le globe crucigère (n. 5).
OR. T. B. Triens.

1689. VICTORI AVTORV. Croix sur un globe accosté des lettres M-A, et dessous V-II.
OR. F. D. C. Triens frappé à Marseille.

1690. ℞. Une petite croix au milieu dans un cercle de grènetis entouré de la légende * SALVS MVNDI.
AR. Silique. Inédite. T. B.

1691. ℞. Dans une couronne de laurier, croix sur trois degrés entre les lettres A.ω enfermées par un cercle de grènetis (n. 8). AR. Silique trouée. T. B.

1692. ℞. Indice M surmonté d'une croix, différent Γ ANNO XX ; à l'exergue, CON. (n. 13). Cuivre. Demi follis et divisions, très beau lot de 11 pièces. T. B. et F. D. C.

THEODOSIVS, fils de Maurice et de Constantin

1693. D. N. TEODOSIVS PP. A. Buste casqué de Théodose jeune, de face. R). AMENITAS DEI en trois lignes, dans un cercle de grènetis entouré d'une couronne.
AR. Revue numismatique belge, 1857, T. B.

THEODOSIVS, sa femme et son fils

1694. D. N. TEODOSIVS. PP. A. Buste diadémé de Théodose jeune, de face. R). Deux bustes, l'un d'enfant, l'autre de femme, de face, séparés par une longue croix; dessous, ACTI. AR. Revue numismatique belge, 1857, le revers. T. B.

FOCAS (601 à 610)

1695. D. N. FOCAS PERP. AVG. Buste diadémé de Focas, barbu, de face, tenant le globe crucigère. R). VICTORIA AVGGN. Victoire de face, tenant une haste terminée par le monogramme du Christ et dans la main gauche le globe crucigère ; dans le champ, N (n. 1). OR. T. B.
1696. La même, sans lettre dans le champ. OR. T. B.
1697. Autre semblable. Fabrique et module différents.
OR. B.
1698. R). Même légende. Croix pattée (n. 4). OR. Triens B.
1699. R). VICTORIA AVGVSTORVM. Victoire de face, tenant une couronne et le globe crucigère (n. 5). OR. B. Triens.
1700. R). ΦΚ dans une couronne (n. 8). AR. Demi-silique.
T. B.
1701. R). Indice XXXX, ANNO V; à l'exergue, KYZ A, le tout dans une couronne (n. 3). Æ. Follis et decanummium, 2 pièces. T. B.

FOCAS ET LEONTIA

1702. D. N. FOCAS NEPE. AV. Focas et Léontia nimbés, de face et debout. R). Indice M surmonté d'une croix, ANNO VI; à l'exergue, THEVP. (n. 2). Æ. Follis et division. 5 pièces. T. B. et F. D. C.

HERACLIVS I (610 à 641)

1703. opacaio consvai. Buste barbu d'Héraclius de face, tête nue; au-dessus, une petite croix. ℞. Dans un cercle de grènetis, v-tora-c en trois lignes (n. 1).
AR. F. D. C.

1704. d. n. hepaclivs pp. avg. Buste casqué d'Héraclius I de face, tenant le globe crucigère. ℞. victoria avggh. Croix potencée sur quatre degrés (n. 2). OR.
2 variétes. T. B.

1705. Même légende. Croix dans le champ (n. 5).
OR. Demi-sou. T. B.

1706. ℞. victoria avgvstorvn. Croix dans le champ; à l'exergue, conob. (n. 7). OR. T. B. Triens.

1707. ℞. victori. heracli. avg. Croix.
Or. T. B. Triens. Inédit.

1708. ℞. victoria avgvs. Croix potencée (n. 5).
OR. Demi-sou. T. B.

1709. Croix accostée de deux étoiles, le tout dans une couronne de laurier (n. 13 et 15). AR. 2 pièces T. B.

1710. ℞. Indice M surmonté d'une croix, différent a, anno iii; à l'exergue, kyz. (n. 26). Æ Follis et divisions 7 pièces. T. B. et F. D. C.

HERACLIVS I, EVDOCIA et HERACLIVS II

1711. d. n. eraclio pp. av. Buste diadémé d'Héraclius, imberbe. ℞. Bustes diadémés d'Eudocie et d'Héraclius Constantin de face; entre les deux têtes, une petite croix (n. 45). AR. 2 pièces variées.

HERACLIVS I et HERACLIVS II (613 à 641)

1712. dd. nn. heraclivs et hera. const. pp. av. Bustes diadémés des deux augustes barbus, de face. ℞. victoria avgvi. Croix potencée sur trois degrés; à l'exergue, conob. (n. 48, *bis*). OR. T. B.

1713. Même pièce, le père avec la barbe courte, le fils imberbe. OR. T. B. 2 pièces variées.

1714. ℞. DEVS ADIVTA ROMANIS. Croix posée sur un globe et trois degrés, le tout dans une couronne (n. 58).
AR. T. B.

1715. ℞. Indice M surmonté d'une croix, différent A, ANNO III; à l'exergue, CON. (n. 61). Æ 4 pièces variées. T. B.

HERACLIVS I, HERACLIVS II et MARTINA
(614 à 641)

1716. DD. NN. HERACLIVS C. HERI. CONS. P.P. I. Bustes diadémés des trois augustes de face, Martine à la droite d'Héraclius I. ℞. Indice M surmonté d'une croix, ANNO XVI, différent A; à l'exergue, RAV. (n. 101).
Æ T. B.

HERACLIVS ET MARTINA

1717. NEPE. Héraclius et Martine diadémés, debout, de face, l'empereur tenant une longue croix et Martine une croix penchée; entre leurs têtes une petite croix. ℞. Indice M surmonté d'une croix, différent A, ANNO XVI; à l'exergue, ΘЄΩΠ. Æ. Inédite. T. B.

HERACLIVS I, HERACLIVS II
et HERACLEONAS (638 à 641)

1718. Sans légende, les trois augustes diadémés, debout, de face, tenant chacun le globe crucigère. ℞. VICTORIA AVGV, Δ, avec le monogramme d'Héraclius I. Croix potencée sur trois degrés; dans le champ, A (n. 106).
OR. F. D. C. 2 pièces variées.

1719. ℞. DEVS ADIVTA ROMANIS. Croix potencée sur un globe et trois degrés (n. 107). AR. Miliaresion. T. B.

1720. ℞. Indice M surmonté du monogramme d'Héraclius, différent A, ANNO XXIIII; à l'exergue, RAV. (n. 116).
Æ. 2 pièces. B.

HERACLIVS II et HERACLEONAS (641)

1721. ERACLIIS. Bustes de face des deux augustes. Croix entre leurs têtes. ℞. AGVSTI. Croix sur deux degrés (n. 1). AR. F. D. C.

1722. ℞. Indice XX ; à l'exergue, ROM dans un cercle de grènetis (n. 3). Æ. 2 pièces. T. B.

HERACLEONAS, DAVID TIBERIVS ET CONSTANS (641)

1723. D. N. HERACLIVS. Bustes de face et diadémés des trois augustes. ℞. Indice K surmonté d'une croix, ANNO III ; et à l'exergue, ROM. Æ. T. B. 2 pièces.

CONSTANS II (641 à 668)

1724. D. N. CONSTANTINVS P.P. AV. Buste diadémé de Constant II, imberbe, de face, tenant le globe crucigère. ℞. VICTORIA AVGV Δ. Croix potencée sur trois degrés (n. 2). OR. T. B.
1725. La même, la figure légèrement barbue. OR. T. B.
1726. La même, la figure très barbue. OR. B.
1727. ℞. Même légende. Croix pattée sur deux degrés ; à l'exergue, BOIIK (n. 1). OR. B.
1728. ℞. VICTORIA VΔ. Croix pattée sur un globe (n. 3). OR. Demi-sou épais. T. B.
1729. ℞. VICTORIA AVGVST O. Croix potencée ; à droite, dans le champ, B ; à l'exergue, CONOB. OR. T. B. Demi-sou. Inédite.
1730. La même avec le monogramme de Constant. OR. Demi-sou. Inédit.
1731. ℞. DEVS ADIVTA ROMANIS. Croix pattée sur un globe et trois degrés (n. 5 et 6). AR. Miliaresion. B. 2 pièces.
1732. ℞. R. M. (Roma) ; en haut, une croix ; au-dessous, une étoile (n. 11). AR. Demi-miliaresion.
1733. ℞. Monogramme de Constant II, ANNO I, le tout dans une couronne (n. 50). Æ. follis et divisions 5 pièces. T. B. et F. D. C.

CONSTANS II cum CONSTANTINO IV (654 à 659)

1734. D. N. CONSTANTINVS C. CONSTNAN. Bustes de face et diadémés des deux augustes, le père porte de longues moustaches et une forte barbe, le fils est imberbe ;

entre leurs têtes, une petite croix. ℞. VICTORIA AVGVN. Croix potencée sur trois degrés (n. 2). OR. F. D. C.
1735. Même pièce; dans le champ, P (n. 1).
OR. Sou épais. T. B.
1736. ℞. DEVS ADIVTA ROMANIS. Croix pattée sur un globe et trois degrés; dans le champ, B (n. 3). AR. B.
1737. ℞. Indice M surmonté d'un C et d'une petite croix, différent ꟾ, ANNO XX; à l'exergue, CON (n. 5). Æ T. B. Follis et demi-follis.

CONSTANS II cum CONSTANTINO IV, HERACLIO ET TIBERIO (659 à 668)

1738. VICTORIA AVGVS. Buste diadémé de Constant II de face, tenant chacun le globe crucigère et une longue croix. ℞. Les trois fils de Constant II debout de face (n. 15).
OR. T. B.
1739. ℞. Même légende. Croix potencée sur trois degrés, entre les effigies d'Héraclius et de Tibère debout, de face, tenant chacun le globe crucigère (n. 18).
OR. F. D. C. 2 pièces variées.
1740. ℞. Longue croix sur trois degrés, entre les bustes d'Héraclius et de Tibère (n. 20). OR. Sou épais. T. B.
1741. ℞. DEVS ADIVTA ROMANIS. Croix sur un globe et trois degrés, entre Héraclius et Tibère de face, debout, tenant le globe crucigère. ℞. Les trois fils de Constant II, diadémés, debout, de face, tenant chacun une longue croix (n. 21). AR. Miliaresion. B.
1742. ℞. Indice M surmonté du monogramme de Constant entre les effigies d'Héraclius et de Tibère, tenant chacun le globe crucigère; à l'exergue, SCL. (n. 30).
Æ. Demi-follis et follis 2 pièces. T. B.

GREGORIVS, tyran

1743. Sans légende. Buste de Grégoire de face, orné du diadème surmonté d'une croix, tenant le globe crucigère surmonté d'une étoile à huit rayons. ℞. Monogramme de Grégoire en forme de croix dans une couronne ou grènetis. (Ce monogramme rappelle la forme cruciale de l'inscription de la médaille d'argent d'Héraclius consul). *Revue num. belge.* 1856.
AR. F. D. C.

CONSTANTINVS IV cum HERACLIO et TIBERIO (668-669)

1744. DON. COSI. Buste diadémé de Constantin IV de face. R/. Bustes de face des jeunes frères de l'empereur, séparés par une croix sur trois degrés (n. 1).
OR. Sou épais. T. B.

1745. D. N. CONSTANIVS COI. Même buste. R/. VICTORIA AVGVO. Croix potencée sur trois degrés, entre les deux augustes diadémés, debout de face, tenant chacun le globe crucigère. OR. T. B. 2 pièces variées.

1746. R/. Pas de légende et à l'exergue CONB. Croix potencée sur trois degrés, entre les deux augustes diadémés de face et debout, tenant chacun le globe crucigère (n. 4). OR. Demi sou. T. B.

1747. Pas de légende ni d'exergue. Même type (n. 5).
OR. Demi-sou epais. T. B.

1748. R/. VICTORIA AVS. Croix pattée sur un globe et trois degrés entre les deux augustes de face, diadémés et debout, tenant chacun le globe crucigère (n. 6).
AR. T. B.

1749. R/. Indice M surmonté d'une croix entre les deux augustes diadémés, de face, debout et tenant le globe crucigère ; différent Δ à l'exergue, CON. (n. 8).
Æ. Follis et demi-follis 3 pièces T. B.

CONSTANTINVS IV POGONATVS (669 à 685)

1750. D. N. CONSTANTIN P.P. Buste casqué de Constantin IV de face. R/. VICTORIA AVGVSTOR. Croix potencée sur trois degrés ; dans le champ, Θ.
OR. F. D. C. var. inéd.

1751. R/. ΘICIVAIROTICI. Croix sur quatre degrés ; un globe dans le champ.
Revue num. belge, 1857, p. 176. OR. T. B.

1752. R/. VICTORIA AVGV. ΘI. Croix potencée ; dans le champ, ϙ (n. 22). OR. Q. F. D. C. 2 variétés.

1753. L'empereur debout, appuyé sur la haste, tenant une

croix de la main gauche. ℞. Indice M entouré du mot ΣVPAKOVCI (Syracuse).

Revue num. belge, 1862, p. 195. Æ. B.

JVSTINIANVS II RHINOTMETVS (685 à 695 et 705 à 711)

1754. D. N. ISTINIANS PE AV. Buste diadémé de Justinien II de face, tenant le globe crucigère. ℞. VICTORIA AVGVS. Croix pattée sur trois degrés (n. 1).   OR. T. B.

1755. ℞. Même légende. Croix pattée sur quatre degrés (n. 1).   OR. F. D. C.

1756. Même type (n. 1).   OR. Sou épais B.

1757. Même type dans le champ, à gauche, R (n. 7).
   OR. Q. T. B.

1758. ℞. Autre variété (n. 9).   OR. Q. T. B.

1759. ℞. Autre variété. Croix potencée sur un globe; dans le champ, K.   OR. Inédite T. B.

1760. ℞. Indice XX, à l'exergue, NE (Neapolis); grènetis (n. 22).   Æ. Demi-follis B.

TIBERIVS V ABSIMARVS (698 à 705)

1761. D. TIBERIVS PE. AV. Buste diadémé de Tibère V. ℞. VICTORIA AVGVS. Croix potencée sur trois degrés; dans le champ, Θ (n. 1).   OR. T. B.

1762. La même, sans lettre dans le champ.   OR. B.

1763. ℞. Même type; à gauche, une petite croix; à droite s. (n. 4).   OR. Q. épais. T. B.

1764. Même type (n. 5).   OR. T. B. Triens. 2 variétés.

1765. ℞. Indice M surmonté d'une croix; à l'exergue, RAV (Ravenne) (n. 8).   Æ. Follis.

JVSTINIANVS II et TIBERIVS IV filius (705 à 711)

1766. D. N. VSTINIANVS ET TIBERIVS P.P. A. Bustes diadémés des deux augustes de face, tenant ensemble une

longue croix potencée. ℞. D. N. IHS. CHS. REX REGNAN-
TIVM. Buste du Christ de face, sur la croix, tenant le
livre des Évangiles (n. 1). OR. T. B.

FILEPICVS BARDANES (711-713)

1767. D. N. FILEPICVS MVLTVS. AV. Buste diadémé de Filepicus
de face, tenant le globe crucigère et un sceptre. ℞.
VICTORIA AVGVS. Croix potencée (n. 3). OR. Q. T. B.

THEODOSIVS III ADRAMYTENVS (716)

1768. D. N. THEODOSIVS MVL. Buste diadémé de Théodose III
de face, tenant le globe crucigère. ℞. VICTO... AVGV.
Croix potencée sur un degré; dans le champ, une
étoile (n. 4). OR. Q. B.
1769. Sans légende. Même buste. ℞. Croix cantonnée de
quatre étoiles et posée sur la lettre T. *Revue num.
belge*, 1862, p. 200. AR. F. D. C.

LEO III ISAVRVS (716 à 741)

1770. D. LEO PE. AV. Buste diadémé de Léon III de face, vêtu
de la robe à carreaux, tenant le volumen et le globe
crucigère. ℞. VICTORIA AVGVS. Croix potencée sur
trois degrés (n. 1). OR. T. B.
1771. La même pièce. Léon III tenant d'un côté le globe
crucigère et de l'autre une croix potencée.
  OR. T. B. Triens. Inédite.
1772. Sans légende. Buste de Léon III de face, avec la robe
à carreaux. ℞. Croix accostée de quatre étoiles;
dessous, l'initiale L. (n. 6). AR. T. B.

LEO III et CONSTANTINVS V filius

1773. D. NO. LEON P. A. MVLL. Buste diadémé de Léon III de
face, tenant le globe crucigère et le volumen ; dans
le champ, C. ℞. D. N. CONSTANTINVS. Buste diadémé de
Constantin V de face, tenant le globe crucigère et le
volumen ; dans le champ, I. (n. 14). OR. T. B.
1774. Même médaille, sans lettres dans le champ. OR. T. B.

1775. Autre variété (n. 16). OR.
1776. Variété dans le champ, à droite, E avec une étoile, et à gauche I (n. 18). OR pale. T. B. 2 variétés.
1777. Même légende. Les bustes de face, tenant une longue croix potencée et le volumen (n. 16).
OR. T. B. 2 pièces variées.
1778. Même type (n. 17). OR. Q. T. B.
1779. D. N. LEONP. ML. Buste de Léon III de face, vêtu de la robe à carreaux, tenant le globe crucigère; dans le champ, Δ. ℞. CONSTANTN. Buste de Constantin V de face, vêtu de la robe à plis, tenant le globe crucigère et le volumen. OR pale. Inédite. T. B.
1780. LE. P. A. ML. Buste de Léon III de face, vêtu de la robe à plis et tenant le globe crucigère; dans le champ, Δ. ℞. CONTANT. Même buste. OR. Q. T. B. Inédite.

CONSTANTINVS V COPRONYMVS (741 à 775)

1781. D. NO. CONSTANTI. Buste diadémé de Constantin V de face, tenant le globe crucigère. ℞. VICTORI AVGTO. Croix potencée sur un degré; à gauche, une étoile; à droite R (n. 29). OR. Q. T. B. 2 variétés.
1782. ℞. VICTORI. Croix potencée sur un degré; à droite, IE (n. 30). AR. B.
1783. Sans légende. Buste diadémé de Constantin V de face. ℞. Croix, dont la branche forme la lettre K, initiale du nom de l'empereur (n. 31). AR. T. B.
1784. D. N. CONSTA. Même buste, tenant le globe crucigère.
AR.

CONSTANTINVS V et LEO IV filius (751 à 775)

Monnaie aux effigie de Léon III, Constantin V et de Léon IV.

1785. D. LEON P. A. MVL. Buste de face et diadémé de Léon III, vêtu de la robe à carreaux et tenant une croix potencée. ℞. CONSTANTINOS LEON ONEOS. Buste diadémé de Constantin V et de Léon Chazare son fils; entre les deux têtes, une petite croix (n. 1). OR. T. B.
1786. La même pièce. OR. B.
1787. LEON ΔECII. Léon III diadémé, de face et debout, tenant

une longue croix. ℞. Constantin V et son fils de face et debout, tenant chacun le volumen; entre leurs têtes, une petite croix; à gauche, κ; à droite, ΛEON (n. 5 et 6). Æ. T. B. 2 variétés.

Monnaie aux effigie de Constantin V et de Léon IV.

1788. ΚΩΝC ΔECΠ. Constantin V de face, debout, tenant le volumen de la droite. ℞. ΛEON ΔECΠ. Léon IV diadémé, de face et debout, tenant le volumen (n. 5).
Æ. T. B.

LEO IV CHAZARVS (775 à 780)

1789. LEON PAP' CONSTANTINOS PATHR Θ. Bustes de face de Léon III, son aïeul, et de Constantin V, père de Léon IV, vêtus tous les deux de la robe à carreaux; entre leurs têtes, une petite croix. ℞. LEON VSSESSON CONSTANTINOS O. NEOS. Bustes de face et diadémés de Léon IV et de son fils Constantin VI, tous deux vêtus de la robe à plis; entre leurs têtes, une petite croix (n. 2).
OR. B.

1790. Même légende, Léon IV et son fils Constantin VI diadémés et assis de face, dans le même costume; entre leurs têtes une petite croix (n. 2). OR. B.

1791. Sans légende. Mêmes bustes. ℞. Bustes de face et diadémés de Léon III et de Constantin V posés sur une traverse (n. 4). Æ. B.

1792. Type semblable, mais au lieu des bustes de Léon IV et de son fils les deux augustes sont assis (n. 5). Æ. B.

CONSTANTINVS VI et IRENE mater

1793. CONSTANTINOS IR. Bustes de face et diadémés de Constantin VI et d'Irène sa mère; entre leurs têtes, une petite croix. ℞. CONST. AVG. ET HRA. Léon III, Constantin V et Léon IV diadémés et assis de face (n. 1). OR. T. B. Trouée.

1794. CONSTANTINOS BASI. O. Buste diadémé de Constantin VI de face, tenant le globe crucigère et le volumen. ℞. IRINH. AΓOVSTI. Buste diadémé d'Irène de face, tenant le globe crucigère et une longue croix (n. 3).
OR. T. B.

1795. Sans légende. Buste d'Irène de face et diadémé, tenant le globe crucigère et une longue croix transversale. ℟. Sans légende. Buste de Constantin VI de face, posé sur une traverse (n. 5)   Æ. B.

CONSTANTINVS VI

1796. DNO. CONSTANTI. Buste diadémé et barbu de Constantin VI de face, tenant le globe crucigère. ℟. DNO. CONSTANTI. Buste imberbe d'un jeune prince ; dans le champ, une étoile. *Revue num. belge*, 1857, p. 182. OR.

IRENE (797 à 802)

1797. EIRINH BASILISS HX. Buste diadémé d'Irène de face, vêtue de la robe à carreaux, tenant le globe crucigère et une longue croix penchée. ℟. EIRINH BASILISSH. Buste semblable avec les mêmes attributs (n. 1).
   OR. F. D. C.
1798. Même tête et même légende. . Indice M surmonté d'une petite croix ; à gauche, trois x superposés ; à droite, trois N (n. 2).   Æ.

NICEPHORVS I. LOGOTHETA (802 à 811)

1799. NICIFOROS BASILE'. Buste diadémé de Nicéphore de face, tenant une longue croix et le volumen. ℟. IHSVS XPISTVS NICA. Croix potencée sur trois degrés ; dans le champ, ϴ (n. 1).   OR. Pièce trouée.
1800. Même tête et même légende. ℟. Indice M surmonté d'une croix, différent A ; à gauche, trois x superposés ; à droite, trois N (n. 2).   Æ. B.

NICEPHORVS et STAVRACIVS filius

1801. NICIFOROS BASILE'. Buste diadémé de Nicéphore de face, tenant une longue croix potencée et le volumen. ℟. STAVRACIS DESPO. IX. Buste diadémé de Staurace de face, tenant le globe crucigère et le volumen (n. 4).
   OR. T. B.

MICHAEL I. RHANGABÉ (811 à 813)

1802. + MIXAHL BASILE. Buste de Michel I de face, vêtu de la robe à carreaux et tenant le labarum. ℞. IHSVS XRISTOS. Buste de face du Christ sur la Croix (n. 1).
OR. B.

MICHAEL I et THEOPHYLACTVS filius

1803. MIX. Buste de Michel I de face, vêtu de la robe à carreaux, tenant une longue croix. ℞. ΘΕΟΦV. Buste diadémé de Théophylacte de face, vêtu de la robe à carreaux, tenant le globe crucigère (n. 4). Æ T. B.

LEO V et CONSTANTINVS VII filius

1804. LEON BASILEV. Buste diadémé de Léon V de face, tenant une longue croix et le volumen. ℞. CONSTANT. DESP'. E. Buste diadémé de Constantin VII de face, tenant le globe crucigère et le volumen (n. 2).
OR. T. B.

1805. + LEON-S CONSTAN-TINE. EC. THEVBASILIS RO-MAION, en cinq lignes, dans un cercle de grènetis. ℞. IHSVS XRISTVS NICA. Croix potencée sur trois degrés (n. 3).
AR. F. D. C.

1806. ℞. Indice M surmonté d'une croix, différent A; à gauche, trois X superposés; à droite, trois N (n. 8).
Æ T. B.

1807. ℞. Les initiales Λ.K séparées par un point; en haut, une petite croix (n. 6). Æ T. B. 2 pièces.

1808. LEON. Buste de face de Léon V. ℞. KONST. Buste de face et diadémé de Constantin VII (n. 9).
Æ 3 pièces variées.

MICHAEL II et THEOPHILVS (821 à 829)

1809. MIXAHL BASILEVS. Buste diadémé de Michel II de face, tenant une longue croix potencée et le volumen. ℞. ΘEOPHILO DESP' + E. Buste diadémé de Théophile de face, vêtu de la robe à carreaux, tenant le globe crucigère et une longue croix (n. 2). OR.

1810. mixahl. s. θeofilos. Bustes de face diadémés de Théophile et de Michel; entre eux, une petite croix. ℞. Indice M surmonté d'une croix, différent θ; à gauche trois x superposés, et à droite, trois n (n. 7 et 9).
Æ T. B. 3 pièces variées.

THEOPHILVS (829 à 842)

1811. θeofilos basile. Buste diadémé de Théophile de face, vêtu de la robe à carreaux, tenant le globe crucigère et une longue croix. ℞. cvrie. bohθh. to. so. dovlo ⁎ e. Croix grecque sur trois degrés (n. 1).
OR. T. B.

1812. θeofiloc. Buste diadémé de Théophile de face, vêtu de la robe à carreaux, tenant une longue croix potencée. ℞. θeofiloc. Buste diadémé de Théophile de face, vêtu de la robe à plis, tenant le globe crucigère (n. 4). OR. Sou épais. F. D. C.

1813. ℞. Même légende et même buste (n. 5 et 6).
OR. Q. Demi-sou épais. F. D. C. 2 pièces.

1814. ℞. Indice M surmonté d'une croix, accosté, à gauche, de trois x superposés, à droite de trois n, différent θ (n. 9 et 10). Æ. 2 pièces. T. B.

1815. ℞. ✛ θeo-file avg-ovst esv-nicas en quatre lignes, dans un cercle de grènetis Σ (n.11). Æ. T. B. 2 pièces.

THEOPHILVS cum MICHAEL III et CONSTANTINVS VIII

1816. θeofilos basile. θ. Buste diadémé de Théophile de face, tenant une croix grecque. ℞. ✛ mixahl. s. constantin. Bustes diadémés de Michel et de Constantin de face; entre leurs têtes, une petite croix (n. 13). OR. T. B.

1817. Même pièce d'un style différent. OR. T. B.

1818. Même légende. Buste diadémé de Théophile de face, tenant le globe crucigère. ℞. Même légende. Buste diadémé de Michel de face, tenant une croix (n. 12).
OR. F. D. C.

1819. ΘEOFILOS BA. Buste. ℞. MIXAHL CONST. Bustes de Michel et de Constantin de face; entre les deux têtes, une étoile (n. 15). Æ. T. B.

THEOPHILVS cum MICHAEL III

1820. ΘEOFILOS. Buste diadémé de Théophile de face, tenant une croix. ℞. MIXAHL E. Buste diadémé de Michel de face, tenant le globe crucigère (n. 21).
OR. Q. Demi-sou épais. F. D. C.

1821. ✠ ΘEOFILOS. S. MIXAHL EC. THE BASILIS ROMAION en cinq lignes, dans un triple cercle de grènetis. ℞. IHSVS XRISTVS NICA. Croix potencée sur trois degrés, le tout dans un triple cercle de grènetis (n. 24).
AR. F. D. C.

MICHAEL III cum matre THEODORA (842 à 856)

1822. ✠ MIXAHL. S. ΘEODORA. Bustes diadémés des deux augustes de face; entre eux une petite croix. ℞. IHSVS XRISTOS. Buste de face du Christ sur la Croix, tenant le livre des Évangiles (n. 1). OR. B. pièce trouée.

MICHAEL III, THEODORA et THECLA

1823. MIXAHL. S. ΘECLA. Bustes de face de Michel III et de sa sœur; lui, tenant le globe crucigère, et elle, une longue croix grecque. ℞. ✠ ΘEODORA DESPVNA. Buste de Théodora de face, tenant le globe crucigère et une longue croix (n. 2). OR. T. B. pièce trouée.

MICHAEL III (856 à 866)

1824. MIXAHL. Buste diadémé de Michel III de face, vêtu de la robe à carreaux et tenant le globe surmonté de la croix grecque. ℞. MIXAHL. Type semblable à celui de l'avers (n. 5). OR. Sou épais. T. B.

MICHAEL III et BASILIVS I (866-867)

1825. MIXAEL IMPERAT. Buste diadémé de Michel III de face, vêtu de la robe à carreaux, tenant le globe surmonté d'une croix grecque. ℞. + BASILIVS REX * Buste de Basile, avec les mêmes attribus (n. 10). ÆE. T. B.

BASILIVS I (867 à 886)

1826. + BASILIOS BASILEVS ⁎ L'empereur diadémé, assis de face, tenant le labarum et le volumen. ℞. + BASIL-IOS. EH. ΘEO-BASILEVS ROMEON en quatre lignes, dans un cercle de grènetis (n. 1). ÆE. T. B

BASILIVS I et CONSTANTINVS IX (869-870)

1827. BASILIOS ET CONSTANT' AVGVI. Bustes diadémés de Basile I et de Constantin IX de face, tenant ensemble une longue croix grecque. ℞. + IHS. XPS. REX REGNANTIVM. Le Christ nimbé, assis de face, la main droite élevée et tenant le livre des Evangiles (n. 5).
OR. F. D. C.

1828. BASILEIOC. Buste diadémé de Basile I de face, tenant le globe crucigère. ℞. CONSTANT. Buste diadémé de Constantin IX de face, tenant le globe crucigère (n. 7). OR. Sou épais. T. B.

1829. + BASILIOS CE CONSTANTIN' PISTV BASILIS ROMEO. en six lignes, dans un triple cercle de grènetis. ℞. IHSVS XRISTVS NICA. Croix potencée sur quatre degrés et un globe (n. 8). AR. F. D. C.

1830. + BASILIO. S. CONST. AVGSTI. Les deux augustes diadémés, assis de face, tenant ensemble le labarum. ℞. + BASILIO-S. CONSTAN-TINOS EH ΘO-BASILEIS R-OMAION en cinq lignes, dans un cercle de grènetis (n. 9).
ÆE. B.

BASILIVS I, CONSTANTINVS IX et LEO VI (870)

1831. + LEON BASIL. CONST. AVGS. Buste de Basile I de face, entre ses deux fils. ℞. + BASIL-CONSTAN-T S. LEON EN-ΘO BASILS-ROMEON en cinq lignes; dessous, une étoile (n. 12). ÆE. 2 pièces. T. B.

LEO VI (886 à 912)

1832. ✝ LEON EN XΩ EV-SEBHS BASI-LEVS RΩMAIΩN en cinq lignes. ℞. IHSVS XRISTVS NICA. Croix potencée sur trois degrés et un globe (n. 2). AR. F. D. C.

1833. ✝ LEON BASILEVS ROM'. Buste diadémé de Léon VI de face. ℞. ✝ LEON-EN. ΘEO. BA-SILEVS R-OMEON en quatre lignes (n. 3). Æ. T. B.

1834. ✝ Même légende. Léon VI assis de face, tenant le labarum et le volumen. ℞. Le même (n. 4). Æ. B.

LEO VI cum fratre ALEXANDRO (886 à 911)

1835. ✝ LEON. S. ALEXANDROS. Les deux augustes diadémés, assis de face, tenant ensemble le labarum. ℞. ✝ LEON. S. ALEXAN-DROS BASIL'-ROMEON en quatre lignes, dans un cercle de grènetis (n. 8). Æ. T. B.

LEO VI cum filio CONSTANTINO X (911-912)

1836. LEON. ET. CONSTANT' AVGG' ROM'. Les deux augustes diadémés de face et debout, en costume impérial, tenant chacun le globe crucigère, et ensemble une longue croix grecque. ℞. ✝ IHS. XPS. REX. REGNANTIVM. Le Christ de face sur la croix, nimbé et assis sur un siège orné, tenant le livre des Evangiles (n. 11). OR. T. B.

1837. ✝ LEON. CE-CONSTANTI-N. EN. XΩ. EV-SEBIS BAS-ILL. ROM. en cinq lignes, dans un champ. ℞. IHSVS XRISTVS NICA. Croix potencée sur trois degrés (n. 12). AR. T. B.

CONSTANTINVS X et ZOE CARBONOPSINA (913 à 919)

1838. ✝ CONSTANT'. CE. ZOH. B. Bustes diadémés de Constantin X de face et de sa mère, tenant ensemble une longue croix grecque. ℞. ✝ CONS-TANTINO-CE. ZOH. BA-SILISARO-MEON en cinq lignes (n. 2).

Æ. 2 pièces. T. B.

ROMANVS I, CONSTANTINVS X et CHRISTOPHORVS (920 à 944)

1839. + romano constant-ce. xristoen xΩ. evse-b'basil'r' en cinq lignes, dans un cercle de grènetis entrecoupé de huit globules. ℟. ihsvs xristvs nica. Croix potencée sur trois degrés et un globe, le tout dans un triple cercle de grènetis.
Revue belge, num. 1862, p. 204. AR. T. B. trouée.

ROMANVS I, CONSTANTINVS X cum STEPHANO et CONSTANTINO IX (928 à 944)

1840. + romano'-constant-stefanos-ce. consta'-en. xΩ. b' r' en cinq lignes dans le champ. ℟. ihsvs xristvs nica. Croix potencée sur trois degrés, dont le centre est occupé par un petit médaillon portant l'effigie de Romain Lacapène; dans le champ, rΩ-ma (n. 8).
AR. F. D. C.

ROMANVS I cum filio CHRISTOPHORO (920 à 944)

1841. roman. et. xristofo avgg. b. Bustes diadémés et de face des deux augustes, tenant ensemble une longue croix grecque. ℟. ihs. xrs. rex regnantivm. * Le Christ nimbé, sur la croix, assis de face sur un trône (n. 9). OR. T. B.

ROMANVS I cum filio CONSTANTINO IX (928-944)

1842. roman'. et constant'. avgg'. h'. Bustes des deux augustes, comme à l'exemplaire ci-dessus. ℟. Le revers précédent (n. 10). OR. T. B.

CONSTANTINVS X PORPHYROGENITVS (944 à 959)

1843. + constant' basil'. rom'. Buste diadémé de Constantin X de face, vêtu de la robe à carreaux, tenant le labarum et le globe crucigère. ℞. + CONS-TANTIN'-EH ΘO BASIL'. ROM'. en quatre lignes (n. 12). Æ. B.

CONSTANTINVS X et ROMANVS II (948 à 959)

1844. CONSTANT'. CE ROMAN'. AVGG. Bustes de face et diadémés des deux augustes, tenant ensemble, entre eux, une longue croix grecque. ℞. + IHS. XRS. REX REGNANTIVM. Buste de face, nimbé du Christ sur la croix, tenant le livre des Évangiles (n. 14). OR. T. B.
1845. CONSTANT-ΠORFVROS'-CE ROMANO'-EH. XΩ. EVSEB-B' RΩMEON en cinq lignes. ℞. IHSVS XRISTVS NICA. Croix très ornée sur trois degrés (n. 16). AR. T. B.
1846. Bustes du n. 1844. ℞. + CONST-CE. ROMAN-EN XRIST. B. ROMEO en quatre lignes (n. 17). Æ. B.

ROMANVS II junior (959 à 963)

1847. + RΩMAN' BASILEVS RΩM'. Buste diadémé de Romain II de face, tenant le nartex et le globe crucigère. ℞. RΩMAH' EH ΘEΩ BAS-ILEVS RΩMAIΩN en quatre lignes, dans un cercle de grènetis (n. 2). Æ. T. B. 2 pièces.

THEOPHANO, femme de Romain II (963)

1848. ΘEOFANON AVT. Buste diadémé de Théophanon de face, tenant un sceptre terminé par un trèfle. ℞. MP ΘV. Buste nimbé de la Vierge, tenant les mains élevées, le tout dans un cercle de grènetis (n. 1). B.

Cette rarissime pièce appartenait à M. de Lagoy quand M. de Saulcy la publia dans la *Revue numismatique* de 1842. Quelque temps après, M. de Lagoy la donna à M. Penon qui alors recherchait spécialement les monnaies bysantines. M. Racine ayant acquis la collection de M. Penon, la Théophanon ainsi que bien d'autres raretés sont entrés dans ses cartons qui renfermaient déjà un contingent considérable.

NICEPHORVS cum BASILIO II

1849. NIKHΦOP. KAI. BACIA. AVΓ. R'. Bustes diadémés des deux augustes de face, tenant ensemble une longue croix grecque. ℟. IHS. XIS. REX. REGNANTIVM. Buste de face et nimbé du Christ sur la croix, tenant le livre des Évangiles (n. 1). OR. B.

NICEPHORVS II FOCAS (963 à 969)

1850. ΘΕΟΘΟC Β'ΗΘ NICHF. DESP. Bustes nimbés de la Vierge et de Nicéphore, tenant ensemble une longue croix grecque; à droite et à gauche de la Vierge, M-Θ. ℟. ✠ Le précédent (n. 3). OR.

1851. ✠ NICHF-EN Xω. AVTO-CRAT' EVSEB'-BASILEVS-RωMAIω en cinq lignes, dans le champ. ℟. IHSVS XRISTVS NICA. * Croix façonnée, dont le centre est occupé par un médaillon portant l'effigie de Nicéphore, posée sur un globe et deux degrés (n. 4). AR. B.

1852. ✠ NICHF BASILEV. Rω. Buste de face et diadémé de Nicéphore, tenant le labarum et le globe crucigère. ℟. ✠ NICHF-EN ΘΕω. BA-SILEVS-RωMAIωN en quatre lignes (n. 6). Æ.

JOANNES I ZIMISCES (969 à 976)

1853. ✠ ΘΕΟΘΟC. ΒΟΕΘ' Iω. DESP. Buste diadémé de Jean I de face, tenant une longue croix grecque, couronné par la Vierge qui est debout à sa gauche; au-dessus de la tête de la Vierge, M-Θ. ℟. ✠ IHS. XIS. REX REGNANTIVM. Buste nimbé du Christ de face, tenant le livre des Évangiles (n. 1). OR. T. B.

1854. ✠ IωANN EN Xω. AVTO-CRAT' EVSEB-BASI LEVS-RωMAIω' en cinq lignes. ℟. ✠ IHSVS XRISTVS NICA. Croix ornée sur deux degrés, portant au centre un médaillon avec le buste de Jean Zimiscès accosté de Iω-AN (n. 3). AR. T. B.

1855. ✠ IHSVS XRISTVS BASILEV. BASILE. en quatre lignes. ℟. ✠ EMMANOVHΛ. Buste nimbé du Christ adossé à la croix, tenant le livre des Évangiles; dans le champ, IC-XC (n. 8, 10 et 12). Æ. B. 4 pièces.

BASILIVS II et CONSTANTINVS XI (976 à 1025)

1856. ✠ BASIL. C. CONSTANTIN. BA. Bustes diadémés des deux augustes de face, tenant ensemble une longue croix. ℟. ✠ IHS. XIS. REX REGNANTIVM. Buste nimbé du Christ de face, sur la croix, tenant le livre des Évangiles (n. 5). OR. B.

1857. Variété. Les deux augustes tenant une longue croix grecque fleuronnée (n. 1). OR. T. B.

1858. Exemplaire semblable. La croix grecque simple (n. 4). OR. T. B.

1859. Exemplaire semblable à celui des augustes tenant la croix grecque fleuronnée, mais sans couronne au-dessus de la tête de Basile.
 OR. T. B. *Revue num. belge*, 1858, p. 142.

1860. ΕΝ ΤΟVΤω. ΝΙΟΑΤΕ. ΒΑSILE. C. CωΝST. Bustes diadémés des deux augustes de face, entre lesquels est une croix grecque très ornée sur un globule et quatre degrés. ℟. ✠ BASIL'-C. CωΝSTAN-ΠΟRFVROS-ΠΙS-TOI. BAS-RωMAIV en cinq lignes (n. 7). AR.

CONSTANTINVS XI PORPHYROGENITVS
(1025 à 1028)

1861. — ✠ CΟΝSTANTIN. BASILEVS. RωM. Buste diadémé et barbu de Constantin XI de face, tenant le nartex et le volumen. ℟. ✠ IHS. XPS. REX REGNANTIVM. Buste de face et nimbé du Christ sur la croix (n. 3). OR. T. B.

1862. La même pièce, concave. OR. B. 2 pièces.

1863. Exemplaire semblable ; au lieu du nartex, l'empereur tient le globe crucigère (n. 1). OR. B.

1864. CONSTANTIN RωM'. Buste diadémé de Constantin XI de face, tenant le volumen et le globe crucigère. ℟. ✠ CONST-EN ΘΕΟ. BASILEVS R-OMEON en quatre lignes (n. 4). Æ. B. 2 variétés.

ROMANVS III ARGYRVS 1028 à 1034)

1865. Θ. CE. BOHΘ. RωΜΑΝω. Romain debout, tenant le volumen et le globe crucigère est couronné par la

Vierge nimbée, debout à sa gauche; entre eux, les initiales M-Θ. ℞. + IHS. XIS. REX REGNANTIVM. Le Christ nimbé adossé à la croix, assis de face, tenant le livre des Evangiles (n. 1). OR. T. B.

1866. La même pièce, avec la Vierge sans le nimbe. OR. B.

MICHAEL IV PAPHLAGO (1034 à 1041)

1867. + MIXAHL BASILEVS RM. Buste diadémé de Michel IV barbu, de face, tenant le labarum et le globe crucigère. ℞. + IHS. XIS. REX REGNANTIVM. Buste nimbé du Christ de face, adossé à la croix (n. 1).
OR. B. Trouée.

CONSTANTINVS XII MONOMACHVS (1042 à 1055)

1868. + CONSTANT. BASILEVS ROM. Buste de Constantin XII de face, tenant une longue croix très ornée et le globe crucigère. ℞. Celui du n. 1865 (n. 1).
OR. T. B.

1869. Même légende et même buste. ℞. Le Christ du n. 1867. (n. 2). OR. T. B.

1870. Même buste; de chaque côté de la tête, une rosace à huit pointes. ℞. Même légende et même type (n. 3).
OR. F. D. C.

1871. — + Même légende. Buste diadémé de Constantin de face, tenant un sceptre et le globe crucigère. ℞. Même revers (n. 5). OR. T. B.

1872. — + Même légende. Buste diadémé de Constantin de face, tenant le labarum et le globe crucigère. ℞. Même revers (n. 7). OR.

THEODORA, femme de Constantin XII (1055-1056)

1873. ΘΕΟΔωΡΑ AVSOVSTA. La Vierge nimbée et Théodora diadémée, debout, tenant ensemble le labarum; à côté de la tête de la Vierge, M. Θ. ℞. + IHS. XIS. REX REGNANTIVM. Le Christ nimbé de face, debout, tenant le livre des Evangiles (n. 1). OR. T. B.

1874. + ΘΕΩΔω ΑVΓΟVC. Buste diadémé de Théodora de face, tenant un sceptre et le globe crucigère. ℞. IC-XC buste du Christ nimbé, sur la croix, tenant le livre des Evangiles (n. 2). OR. T. B.

MICHAEL VI STRATIOTICVS (1056-1057)

1875. — + MIXAHL AVTOCRAT. Michel VI diadémé, de face et debout, tenant une longue croix. ℞. MP.-ΘV. Buste de la Vierge nimbée, tenant ses mains élevées (n. 1). OR. B.

ISAACIVS I COMNENVS (1057 à 1059)

1876. + ICAAKIOC BASILEVS RωM. Isaac I debout de face, vêtu du paludamentum, tenant une épée nue de la main droite et de la gauche, le fourreau. ℞. IHS. XIS. REX REGNANTIVM. Le Christ assis de face, tenant le livre des Evangiles (n. 1). OR. B.

CONSTANTINVS XIII DVCAS (1059 à 1067)

1877. + KωN. BAC. O. ΔΟVΚΑC. Constantin XIII debout et de face, tenant le globe crucigère, couronné par la Vierge nimbée, debout à droite; à côté de sa tête, M-Θ. ℞. + Le type précédent (n. 1). OR. T. B.

1878. — + Même légende. Constantin debout et de face, tenant le labarum et le globe crucigère. ℞. Le même (n. 2). OR. B.

1879. Même légende et même buste de Constantin, tenant le globe crucigère et le volumen. ℞. MP.-ΘV. Buste nimbé de la Vierge élevant les deux mains (n. 4). OR. B.

CONSTANTINVS XIII et EVDOCIA DALASSENA (1059 à 1067)

1880. EVΔK. AVΓ. KωNT. Constantin XIII et Eudocie, tous deux debout et de face, tenant ensemble le labarum. ℞. EMMANOVHΛ IC-XC. Le Christ nimbé, debout, de face et adossé à la croix (n. 1).

Æ. B. 2 pièces variées de module.

EVDOCIA DALASSENA (1059 à 1071)

Monnaie d'Eudocie avec ses deux fils Michel et Constantin.

1881. + MIX. EVΔK. KωNC. Eudocie de face et debout sur un coussin, tenant un sceptre; à droite et à gauche, ses deux fils, Michel et Constantin, tenant chacun le volumen et le globe crucigère. ℟. + IHS. XIS. REX REGNANTIVM. Le Christ nimbé, assis de face et adossé à la croix, tenant le livre des Évangiles (n. 3). OR. B.

Monnaie de Romain IV et d'Eudocie avec ses trois fils Michel, Constantin et Andronic.

1882. + RωMAN. EVΔKI. Le Christ nimbé et adossé à la croix, debout sur un coussin, couronnant Romain IV et Eudocie debout à ses côtés et tenant chacun le globe crucigère; IC-XC. ℟. KωN. MX. ANΔ. Les trois fils d'Eudocie de face et debout; Michel, au milieu, tient le labarum et ses jeunes frères le globe crucigère (n. 4). OR. B. Pièce trouée.

ROMANUS IV DIOGENES et EVDOCIA DALASSENA (1067 à 1070)

1883. RωMAN. S. EVΔKIA. BAC. Bustes de face et diadémés des deux augustes, tenant ensemble une longue croix. ℟. Θ KEBOHΘ. Buste de face et nimbé de la Vierge, portant sur la poitrine un médaillon représentant l'effigie de son divin fils; à gauche et à droite, MP-ΘV. (n. 1). OR. T. B.

ROMANVS IV DIOGENES (1067 à 1070)

1884. PωMAN ΔECΠOT. Buste de Romain IV de face, avec la robe à carreaux, tenant le globe crucigère et le labarum. ℟. + Celui de la pièce précédente. MP-ΘY. OR. T. B. *Revue num. belge*, 1858, p. 150.

1885. OC HAIΠIKE ΠANTA KATOPΘOI. L'empereur de face et debout, vêtu de la robe à carreaux, tenant une longue croix grecque et le globe surmonté d'une petite croix grecque. ℟. + HAPΘENE. COI ΠOΛYAINE. La Vierge nimbée, debout sur un coussin, portant l'Enfant Jésus sur le bras gauche; dans le champ, M-Θ (n. 7). AR. B.

MICHAEL VII DVCAS PARAPINACES
(1071 à 1078)

1886. ΜΙΧΑΗΛ ΒΑCΙΑ..Ο. Δ. Buste barbu de Michel VII de face, vêtu de la robe à carreaux, tenant le labarum et le globe crucigère. ℟. IC-XC. Buste nimbé du Christ de face, adossé à la croix, tenant le livre des Évangiles, (n. 2). OR. B.

1887. Même type la tête de l'empereur plus jeune (n. 1). OR. T. B.

1888. ℟. Entre deux étoiles : buste du Christ, de face, sur la croix, tenant le livre des Évangiles (n. 8). Æ. B.

MICHAEL VI cum MARIA vxore

1889. ΜΙΧΑΗΛ S. ΜΑΡΙΑ. Buste des deux augustes de face, tenant ensemble une longue croix ornée ℟. + Θ. ΚΕΒΟΗΘΕΙ. Buste nimbé de la Vierge de face, ayant sur la poitrine un médaillon représentant le buste de son divin fils; dans le champ, MP-ΘV (n. 12). OR. T. B.

NICEPHORVS III BOTANIATES (1078 à 1081)

1890. + ΝΙΚΗΦ. ΔΕCΠ. ΤΩ. Buste diadémé de Nicéphore de face, vêtu de la robe à carreaux, tenant une longue croix et le globe crucigère. ℟. IC-XC. Buste nimbé du Christ de face, adossé à la croix et tenant le livre des Évangiles (n. 3). OR. B.

1891. Rosace à huit pointes, portant un globule à l'extrémité de quatre de ses branches, de manière à former une croix qui est cantonnée des initiales C. Φ. N. Δ. ℟. IC-XC. Le Christ nimbé debout et de face entre deux étoiles (n. 9). Æ. B.

ALEXIVS I COMNENVS (1081 à 1118)

1892. ΑΛΕΖΙω ΔΕCΠΟΤΗ. Τω. ΚωΜΝΗΝω. Alexis I de face avec le manteau impérial, tenant le labarum et le globe crucigère ℟. + ΚΕΒΟΗΘΕΙ. Le Christ nimbé, assis de face, tenant la main droite élevée et le livre des Évangiles de la gauche; dans le champ, IC-XC. (n. 2). OR. T. B.

1893. La même pièce concave. OR. T. B.

1894. + ΑΔΕΖΙω ΔΕCΠΟΤ Τω. Buste d'Alexis de face, tenant le globe crucigère et une longue croix dont la branche principale est ornée de deux ailes. ℟. Buste nimbé du Christ de face, adossé à la croix, tenant le livre des Évangiles; dans le champ, IC-XC. (n. 7). AR. T. B.

1895. .... Ιω ΔΠΟΤ Τω... Alexis debout et de face, tenant une croix et le globe crucigère. ℟. ΕΜΜΑΝΟ..... Le Christ debout et de face, tenant le livre des Évangiles; dans le champ, IC-XC. AR. *Revue num. belge*, 1858, p. 268.

1896. + ΑΛΕΖΙω ΔΕCΠΟΤΗ. Buste diadémé d'Alexis de face, tenant le labarum et le globe crucigère. ℟. MP-ΘV. Buste nimbé de la Vierge de face, tenant les bras élevés et ayant sur sa poitrine un médaillon avec l'effigie de son divin fils (n. 11). AR. B.

1897. ΑΛΕΖΙω ΑΛCΠΟΤΗ. Τω ΚΟΜΝΗΝΟω. Alexis debout et de face, tenant un long sceptre, la main gauche appuyée sur son épée. ℟. IC-XC. Le Christ nimbé, assis de face, tenant le livre des Évangiles (n. 17). Æ.

ALEXIVS I, IRENE et filus JOHANNES II

1898. + ΑΛΕΞΙω ΔC. ΕΙΡΗΝΑ ΥΓC. Alexis I et Irène debout et de face, tenant ensemble une longue croix grecque. ℟. + ΚΕΒΟΗΘΕΙ Ιω. ΔΕCΠ. Τ. Le Christ nimbé, debout et de face, posant la main sur la tête de Jean qui est à sa droite, monté sur un tabouret, tenant le labarum et le globe crucigère; en haut, IC-XC. OR. B. *Annuaire de la Société française de numismatique*, tome III, 1869, p. 292

ALEXIVS I et CONSTANTINVS PORPHYROGENITVS ?

1899. ΛΛΕξΙω Δ. ΚωΝCΤΑΝΤΙ. Les deux augustes debout et de face, portant ensemble le globe crucigère et tenant chacun le labarum. ℞. ΚЄΡΟΗΘЄΙ. ΙC-ΧC. Buste du Christ nimbé, de face (n. 34). Æ. B. 2 pièces

JOHANNES II COMMENVS (1118 à 1143)

1900. Ιω.... ΜΡ-ΘV. La Vierge nimbée, debout de face, couronnant l'empereur debout, à sa droite, tenant le globe crucigère. ℞. + ΚЄΡΟΗΘЄΙ ΙC-ΧC. Le Christ nimbé, assis de face, tenant le livre des Evangiles (n. 1). OR.

1901. Ιω. ΔЄCΠΟΤ. Τω. ΠΟΡΦVΡΟΓЄΝΙΤ. Μ-Θ. Même type de la Vierge et de l'empereur debout. ℞. ΙC-ΧC. Même type du Christ (n. 2). OR. B.

1902. + Ιω. ΔЄCΠΟΤΗ. Bustes de Jean II, vêtu de la robe à carreaux et de la Vierge nimbée, tenant ensemble une longue croix grecque; au-dessus de la tête de l'empereur, une main divine; dans le champ, ΜΡ-ΘV. ℞. Même Christ (n. 3). OR. Variété. B.

1903. Ιω. ΔЄC. Τω. ΠΟΡΦVΡΟΓ. ΜΡ-ΘV. La Vierge debout, de face, couronnant l'empereur debout à sa droite, tenant le labarum et le volumen. ℞. Même Christ (n. 4). OR. B.

1904. Ιω. ΔЄCΠΟΤ.... Buste de Jean II de face, tenant un sceptre et le globe crucigère. ℞. Même Christ (n. 14). Æ.

1905. Ιω ΔЄCΠΟ. Buste de face de Jean II, tenant une longue croix et le globe crucigère. ℞. Le précédent (n. 15). Æ. B.

1906. Ιω. ΔЄCΠΟΤ. Τω. ΠΟΡΦVΡΟΓЄΝΙΤ. Même type de l'empereur debout. ℞. Même Christ (n. 20). Æ. B.

JOANNES II COMNENVS et ALEXIVS filivs ejvs?

1907. ΑΛΕξΙω ΔЄCΠ. ω. Κ. ΕΙ ΚΟΜΝ. Alexis debout, tenant le volumen et une longue croix grecque, avec Jean II son père, dont la main est posée au-dessus de la sienne. ℞. + ΚΕΡΟΗΘΕΙ IC-XC. Le Christ debout et de face, tenant le livre des Evangiles.
OR. B. *Revue de la num. belge*, 1858, p. 271.

MANVEL I COMNENVS (1143 à 1180)

1908. ΜΑΝȣΗΛ Ο. ΘЄΟΔωΡΟC. Saint Théodore nimbé, de face et debout, tenant avec Manuel, debout à sa droite, une longue croix. ℞. Le Christ nimbé, de face et debout sur un coussin, entre deux étoiles et les sigles IC-XC (n. 1). OR. T. B.

1909. ΜΑΝȣΗΛ ΔЄCΠΟΤΗ. Τ. ΠΟΡΦΥΡΟΓΗΝΗΤ. L'empereur de face et debout, tenant le labarum et le globe surmonté d'une croix grecque. ℞. + ΚΕΒΟΗΘΕΙ IC-XC. Buste du Christ nimbé, de face (n. 3). OR. B.

1910. ΜΑΝȣΗΛ ΔЄCΠΟΤΗ. ΜΡ-ΘΥ. La Vierge nimbée, de face et debout, couronnant Manuel debout à sa droite et qui tient le labarum et le volumen. ℞. Ο. ЄΜΜΑ ΝȣΗΛ. Même buste nimbé du Christ, IC-XC. (n.6).
OR. T. B.

1911. La même, en argent. *Revue num. belge*, 1858, p. 271. AR. B.

1912. ΜΑΝȣΗL ΔЄCΠΟΤΗC Ο. ΠΟΡΦΥΡΟΓΗΝΤ. Manuel de face et debout, tenant le labarum et le volumen. ℞. Même revers (n. 8). OR. B.

1913. ΜΑΝȣΗΛ ΔЄCΠΤ. ΜΡ-ΘΥ. La Vierge nimbée, de face et debout, couronnant l'empereur debout à sa droite, tenant le labarum et le globe crucigère. ℞. IC-XC. Le Christ nimbé, assis de face et tenant le livre des Evangiles (n. 12). AR. B.

1914. Même type, l'empereur tenant un sceptre et le globe crucigère (n. 15). Æ.

1915. ΜΑΝΗ. ΔЄCΠ. Buste de Manuel de face, tenant un sceptre et le globe crucigère. ℞. Ο. ΓЄωΡΓΙΟC. Buste de saint Georges nimbé et de face, armé de son épée et de son bouclier (n. 23, 24 et 25).

Æ. B. et 2 autres pièces.

ANDRONICVS I COMNENVS (1182 à 1185)

1916. ΑΝΔΡΟΝΙΚΟC ΔЄCΠΟΤΗ. IC-XC. Le Christ nimbé, debout et de face, couronnant Andronic, debout à sa droite, tenant le labarum et le volumen. ℞. +KЄBOHΘЄI. MP-ΘV. La Vierge nimbée, de face et debout sur un coussin, tenant les bras élévés et portant sur sa poitrine le médaillon à l'effigie de l'Enfant Jésus (n. 2). AR. T. B.

ISAACIVS II ANGELVS (1185 à 1195)

1917. ICAAKIOC ΔЄCΠ. M. X. Isaac de face et debout, ayant à sa gauche l'Archange Michel nimbé, tenant ensemble un glaive dans le fourreau. ℞. MP-ΘV. La Vierge nimbée, assise de face, portant sur sa poitrine un médaillon à l'effigie de l'Enfant Jésus (n. 1). OR. B.

1918. ICAAKIOC ΔЄCΠ. O. M. X. Saint Michel nimbé, debout et de face, couronnant Isaac debout. ℞. Le précédent (n. 2). AR. T. B.

1919. — …..ICAAKI. T. N. IC. Le Christ debout, couronnant Isaac debout à sa droite. ℞. Le précédent, mais d'un dessin plus large.

AR. B. *Revue num. belge*, 1858, p. 272.

1920. ICAAKIOC ΔЄCΠΟΤΗC. L'empereur de face et debout, couronné par une main divine; il tient une croix dans la main droite et le volumen dans la gauche. ℞. Semblable, plus petit (n. 5). Æ.

MICHAEL VIII PALAELOGVS (1261 à 1282)

1921. X. M. ΜΙΧΑΗΛ ΔЄCΠΟ. O. ΠΑΛЄΟΛ. Le Christ assis de face, posant la main sur la tête de l'empereur qui est à genoux devant lui et est soutenu par l'archange Michel. IC-XC. ℞. La Vierge de face, tenant les mains élévées et entourée des murailles crénelées de Constantinople; MP-ΘV. (n. 1). OR. B.

ANDRONICVS II PALAEOLOGVS (1282 à 1328)

1922. ΑΝΔΡΟΝΙΚΟC ΔΕCΠΟΤΙ. O. ΠΑΛΕ. Le Christ nimbé, debout, posant la main sur la tête d'Andronic agenouillé à ses pieds; à côté du Christ, IC-XC. ℞. La Vierge du numéro précédent (n. 2). OR. B.
1923. Exemplaire varié de la pièce précédente. OR. B.

ANDRONICVS II cum MICHAELE IX (1294 à 1320)

1924. IC-XC. ΑΝΔΡΟΝΙΚ C. ΜΙΧΑΗΛ. Le Christ nimbé, de face et debout, plaçant ses deux mains sur les têtes d'Andronic et de Michel IX agenouillés à ses côtés. ℞. La Vierge précédente (n. 14). OR. B.

MANVEL II PALAELOGVS (1391 à 1423)

1925. + ΜΑΝѠΗΛ ΒΑCΙΛΕVC O.... Buste de face et nimbé de Manuel II. ℞. IC-XC. Buste de face et nimbé du Christ sur la croix, entouré d'un cercle d'étoiles (n. 2). AR. B.

Empire de Nicée

(1204 à 1261)

THEODORVS III VATATSES (1255 à 1259)

1926. ΘS.. XC. M. ΠΟΡΦΥΡΟΓΗ. MP-ΘV. La Vierge nimbée, de face, couronnant Théodore debout à sa droite, tenant le labarum et le volumen. ℞. IC-XC. Le Christ nimbé, assis de face (n. 2). OR. B.

1927. ΘΕΟΔω. ΔVΚΑC O.... ΔΜΗΤΡΟ. L'empereur de face et debout, ayant à sa gauche St Démétrius nimbé, tenant ensemble le labarum orné d'une croix dans un cercle. ℞. Le même (n. 4). AR. B.

1928. ΘΕΟ. O. ΑΓΙΟC Δ. Saint Démétrius nimbé, de face et Théodore III debout, tenant ensemble une longue croix grecque. ℞. MP-ΘΥ. La Vierge nimbée, assise de face (n. 12). Æ. B.

Empire de Thessalonique

(1205 à 1232)

JOANNES ANGELVS COMNENVS (1232 à 1234)

1929. + Ιω. — ΔΕC. Buste de Jean l'Ange de face, tenant le labarum et le globe crucigère. ℞. O. ΔΗΜΗ. — ΤΡΙΟC. Buste nimbé de saint Démétrius de face, tenant une lance appuyée sur l'épaule (n. 3). Æ. B.

Empire de Trébizonde

(1204 à 1462)

MANVEL I COMNENVS (1238 à 1263

1930 ΜΝΙΑ. O. ΚΟΜΝ. Manuel de face et debout, tenant un long labarum et le volumen. ℞. O. ΑΓΙΟC ΕVΓΕΝΙΟ. Saint Eugène nimbé, de face et debout, tenant une longue croix (n. 4). AR. T. B. 2 pièces variées.

JOANNES II COMNENVS (1280 à 1297)

1931. ιω. ο. κομνη-νοc. Jean de face et debout, tenant le labarum et le globe crucigère. ℞. Le même (n. 1).
AR. B. 2 variétés.

ALEXIVS II COMNENVS (1297 à 1330)

1932. ΑΛΕΖ. ΚΜΝ. Ο. Alexis de face, richement habillé, tenant un sceptre sur un cheval allant à droite. ℞. Ο. Α. ΕΥΓΝΙ. Saint Eugène sur un cheval allant à droite (n. 3 et n. 5).   AR. T. B. 2 pièces variées.

Byzantine incertaine.

1933. L'empereur assis de face, tenant la main sur son épée et le volumen. ℞. Dans un cercle de grènetis : B, orné de globules à l'intérieur ; de chaque côté, trois globules disposés en triangle (n. 12).
Æ. B. et une pièce du temps de Baudoin II.

MONNAIES EN DOUBLE DE LA COLLECTION

1934. Valentinien I, Théodose II, Anastase.   3 pièces. OR.
1935. Justinien I.   2 pièces. OR. T. B.
1936. Justin II.   3 pièces. OR. T. B.
1937. Tibère, Constantin, Maurice.   6 pièces. OR. T. B.
1938. Phocas.   4 pièces. OR. T. B.
1939. Héraclius I et Héraclius II.   2 pièces. OR. T. B.
1940. Sicard, duc de Benévent et une pièce sicilienne.
                                              EL. 2 pièces. OR. T. B.
1941. Lot de 8 pièces.   AR et billon.
1942. Lot de 4 moyens et .   P. B.

MÉDAILLES GRECQVES

1943. 2 pièces espagnoles, *Phistelia*.   AR. 3 pièces.

1944. *Héraclée, Métaponte, Sybaris.*　　　AR. 3 pièces.
1945. *Thurium* ΣΑΝ. Tête casquée de Pallas à droite. ℞.
　　　ΘΟΥΡΙΩΝ ΕΥΦΑ. Taureau cornupète à droite.　AR^s.
1946. *Caulonia, Rhegium, Agrigente.*
　　　　　　　　　　　　　　　2 pièces AR. et 2 pièces Æ.
1947. *Velia.* Partie antérieure d'un lion à droite. ℞. Carré
　　　creux divisé en 4 parties.　　　　　　AR. T. B.
1948. *Gélas, Syracuse.*　　　　　　　　3 pièces. AR.
1949. *Syracuse.* ΖΕΥ ΕΛΕΥΘΕΡΙΟΣ. Tête laurée de Jupiter à
　　　droite. ℞. ΣΥΡΑ ΣΙΩΝ. Cheval courant à gauche. Æ^7.
　　　　　　　　　　　　　　　　　　　　T. B.
1950. Deux autres pièces de Syracuse.　　Æ^4. T. B.
1951. *Agathoclès roi.* ΚΟΡΑΣ. Tête de Proserpine à droite.
　　　℞. ΑΓΑΘΚΑΕΙΟΣ Victoire érigeant un trophée.　AR^7.
1952. *Apollonia,* ΦΙΑΩΝ ΖΩΠΥΡ. Tête d'Apollon à droite.
　　　℞. ΑΠΟΛ ΒΙΩΝ. Trois jeunes filles dansant. AR^4. T. B.
1953. *Apollonia, Dyrrachium, Istrus.*　　AR. 3 pièces.
1954. *Lysimaque roi.* Tête cornue de Lysimaque à droite.
　　　℞. ΒΑΣΙΑΕΩΣ ΑΥΣΙΜΑΧΟΥ. Pallas, Nicéphore, assise
　　　à gauche.　　　　　　　　　　　AR. L. T. B.
1955. *Macédoine, Néapolis, 'Alexandre, Argos, Corcyre.*
　　　　　　　　　　　　　　　　　　　AR. 6 pièces.
1956. *Athènes, Égine.*　　　　　　　　AR. 3 pièces. B.
1957. *Histiœ, Sinope, Pergame.*　　　　AR. 3 pièces.
1858. *Lesbos, Rhodes, Lycie.*　　　　　AR. 5 pièces.
1959. *Ariobarzane, Ariarathe, Démétrius I.* AR. 3 pièces.
1960. *Juba I, Ptolémée.*　　AR. 2 pièces B. et T. B.
1961. *Hiempsal II, Carthage.*　　AR. 2 pièces. T. B.
1962. 17 pièces autonomes et impériales.　　　　　Æ.
1963. 4 pièces grecques fausses.　　　　　　AR. et Æ.
1964. Un beau médaillier en acajou avec 46 tiroirs munis de
　　　leurs cartons, haut. 1 m. 55; largeur, 72 cent.; pro-
　　　fondeur;
1965. Une boîte en noyer, fermant à clef, servant à renfermer
　　　les cartons du médaillier.

SUPPLÉMENT

PLOTINE, femme de Trajan

1966. PLOTINA AVG. IMP. TRAIANI. Buste de Plotine à droite.
R/. CAES AUG. GERMA DAC COS VI. P. P. (à l'exergue)
ARA PVDIC. Autel sur lequel on voit la Pudeur debout
sur une chaise curule.   AR. T. B. fourrée.

DIOCLÉTIEN

Très beau médaillon d'or, coin de Brasseux; pièce gravée
dans le catalogue de feu M. Racine, pl. XI, n° 1350.

www.ingramcontent.com/pod-product-compliance
Lightning Source LLC
Chambersburg PA
CBHW071158240526
45470CB00017B/338